D1924766

Eva-Maria Altemöller

Gute Besserung!

PATTLOCH

Bibliografische Information Der Deutschen Bibliothek

Die Deutsche Bibliothek verzeichnet diese Publikation in der Deutschen Nationalbibliografie; detaillierte bibliografische Daten sind im Internet über http://dnb.ddb.de abrufbar.

Es ist nicht gestattet, Abbildungen dieses Buches zu scannen, in PCs oder auf CDs zu speichern oder in PCs/Computern zu verändern oder einzeln oder zusammen mit anderen Bildvorlagen zu manipulieren, es sei denn mit schriftlicher Genehmigung des Verlages.

© 2004 Pattloch Verlag GmbH & Co. KG, München

Gesamtgestaltung: Atelier Lehmacher, Friedberg (Bay.)
Redaktion: Susanne Rick, München
Illustrationen: Barbara Matt, Offenburg
Druck und Bindung: Clausen & Bosse, Leck
Printed in Germany

ISBN 3-629-02013-5

www.pattloch.de

Inhalt

TEIL I

Zauberworte statt bittere Pillen

„Lesen, liebes Mariechen, ist immer noch die beste Medizin. Besser als alle Chemie, glaub mir!"

Knarzend öffnete sich die Tür des Schränkchens, das die kostbaren Juwelen barg … „Schauen wir doch einmal, ob wir darin nicht etwas für dich finden“, fuhr der alte Doktor Koslowski fort. „Wie wär’s mit hoch dosiertem Erich Kästner zum Beispiel? Der hilft immer! Ist sozusagen ein Breitband-Literat! Oder ein wenig Eichendorff? Der hat schon in homöopathischen Dosen die erstaunlichsten Wirkungen.“ Da saß ich plötzlich träumend da, vergaß die Welt um mich herum und lauschte nur noch ganz verzaubert jenen Versen, die mir Doktor Koslowski mit seiner wunderbaren hochdeutschen Bühnenstimme vortrug:

Schläft ein Lied in allen Dingen,
Die da träumen fort und fort,
Und die Welt hebt an zu singen,
Triffst du nur das Zauberwort.

Doktor Koslowskis geheimnisvolles Schränkchen barg Tausende solcher Zauberworte, und die nächsten Stunden verbrachten wir in der anregenden Gesellschaft von Clemens Brentano, Eduard Mörike und Christian Morgenstern, Heinrich Heine und Rainer Maria Rilke, Wilhelm Busch natürlich und Kurt Tucholsky und vielen anderen gescheiten Köpfen mehr. Das Rasseln in meiner Lunge (ich hatte mir wieder mal eine meiner Lungenentzündungen zugezogen, auf die ich sozusagen ein Abo habe), dieses Rasseln hatte ich plötzlich vollkommen vergessen!

An diesem magisch schönen Nachmittag im November kam ich auf die Idee, ein paar jener funkelnden Edelsteine mit ein bisschen Watte drum herum in ein Buch zu packen, das Ihnen gute Besserung wünschen soll. Lassen Sie sich ein wenig davon verzaubern und zumindest für ein paar Stunden auf den Flügeln der Phantasie in eine andere Welt entführen – in die Welt der Gedichte, Märchen und Geschichten.

Denn vielleicht steckt in so mancher Dichtung doch mehr Wahrheit als in all dem, was man uns tagtäglich als Wirklichkeit zu verkaufen versucht ...

Kommen Sie mit! Nehmen Sie Platz auf dem fliegenden Teppich der schönen Literatur und schnallen Sie sich an. Bei Erreichen unserer endgültigen Flughöhe werden wir Ihnen die feinsten literarischen Appetithäppchen servieren ...

TEIL I

1
Christian Morgenstern und der Palmström-Effekt

Ein sehr alter Berliner Trostspruch behauptet:

Wird schon wieder wern
mit die Mutter Bern.
Mit die Mutter Born
is et ooch jeworn!

Und ein anderer Vierzeiler rät:

Jibt dir det Leben einen Puff,
da weene keene Träne.
Lach dir'n Ast und setz dir druff
un baumle mit die Beene.

Ein gelernter Berliner weiß (und der alte Doktor Koslowski war so einer): Solche Verse sind oft wirksamer und nachhaltiger als all die Pillen, die einem die Ärzte sonst ganz gern verschreiben. Und außerdem haben derlei Texte keine unerwünschten Nebenwirkungen. Nur das Zwerchfell wird ein wenig beansprucht, aber das ist ganz gut so, weil es möglicherweise an der Produktion jener noch sehr geheimnisvollen Hormone mitwirkt, die uns über schwierige Zeiten hinweghelfen. Lange Zeit hat das keiner so richtig glauben wollen, aber inzwischen denkt man auch in der medizinischen Forschung sehr ernsthaft über die Wirkungsweise von Humor nach. Und so entdeckte man vor nicht allzu langer Zeit den so genannten *Palmström-Effekt:* Der Palmström-Effekt ist der längst überfällige, wissenschaftlich eindeutige Beweis für das, was wir schon immer geahnt haben: dass nämlich Lesen ziemlich gesund ist.
In einer Reihe von Versuchen wurde unlängst festgestellt, dass man schon nach einer halben

Stunde in der Gesellschaft von Morgensterns wunderbarem Herrn Palmström gleich viel bessere Blutwerte hat. Da fanden sich plötzlich – sehr zum Erstaunen der Experten – jede Menge Antikörper, die vorher nicht da gewesen waren. Eigentlich eine Sensation, fand ich und war ganz enttäuscht, als der alte Doktor Koslowski dazu nur lapidar bemerkte: „Wundert mich gar nicht. Mich wundert bloß, dass die Burschen so lange gebraucht haben, um endlich auf den Trichter zu kommen! Lesen senkt nicht nur den Blutdruck, sondern auch das allgemeine Krankheitsrisiko, es ist Balsam für die Nerven, stärkt nachweislich Herz, Lunge und Nieren – und es verringert deutlich die Schmerzempfindlichkeit, wegen der vielen Endorphine, die bei der Lektüre einer Kolumne von Axel Hacke beispielsweise ausgeschüttet werden. Lesen wirkt sich – wie Lachen übrigens auch – positiv auf das Immunsystem aus. Das ist eine wirklich *uralte* Kiste. Da ist schon der olle Joethe druff jekomm seinerzeit!"

Wenn die Rede auf den „ollen Joethe" kommt, verfällt unser alter Doktor Koslowski immer ins Berlinern, müssen Sie wissen. Aber er kann auch anders.

„Vor allem Gedichte und andere kleine literarische Formen haben es in sich", erklärte er, „das habe ich immer wieder beobachtet. Im Zweifelsfall ist mit einer Ballade wie dem guten alten *Ribbeck auf Ribbeck im Havelland* („Ein Birnbaum in seinem Garten stand") mehr erreicht als mit aller Chemie, da kannst du Gift drauf nehmen – oder einen Hamburger essen, was ungefähr auf dasselbe rauskommen dürfte.

Nebenbei bemerkt ist es übrigens ziemlich gleichgültig, was man so liest. Selbst ein Buch wie Stifters *Nachsommer* zum Beispiel, das aufs Angenehmste langweilt, hat immer noch den unschätzbaren Vorteil, dass man sich schon mal die Schlaftabletten sparen kann. Auch ein Krimi hat durchaus seine Meriten. Aber eigentlich ist es ganz gleichgültig, was man liest, solange es nicht gerade eine Loseblatt-Sammlung über Steuerrecht ist. Da vergeht einem erfahrungsgemäß das Lachen. Ein schönes Buch zur Hand, ein bisschen verdrängen, und schon kriegt man wieder rote Backen! Selbst mit einem Schüttelreim oder anderen poetischen Scherzartikeln lassen sich Wirkungen erzielen, von denen die Schulmedizin bisher nur träumen konnte!"

„Ich hatte sogar mal eine Patientin", fuhr Doktor Koslowski fort, „die sich sozusagen von Tucholsky *künstlich ernährt* hat, ob du es nun glaubst oder nicht."

Ich glaubte es natürlich nicht. Weil ich nämlich weiß, dass der alte Doktor Koslowski gern ein wenig ins Schwadronieren gerät und sich dann die haarsträubendsten Geschichten aus den Fingern saugt. Er kann ganz ohne schlechtes Gewissen das Blaue vom Himmel herunterlügen – und doch ist das, was er sich ausdenkt, oft wahrer als das, was man so in den Nachrichten erfährt ...

An diesem Abend wollte er mir doch glatt weismachen, dass er wegen dieser Tucholsky-Geschichte schon nach Rom zu schreiben beabsichtigte, an die Abteilung ‚Wunderheilungen', dass er aber nur deswegen davon Abstand genommen habe, weil er befürchtete, dass die alten Knaben da unten in Sachen Humor keinen Spaß verstünden. Das müsse wohl an dem vielen Weihrauch liegen. Oder auch am Zölibat, womöglich aber auch an einer Kombination von beidem. „So wat kann doch nich jesund sein ..." Natürlich nahm ich ihn nicht ernst. Und doch, versicherte er mir, sage er nichts als die reine Wahrheit. Er schwor bei allem, was ihm heilig sei („beim Barte Karls des Großen"), dass besagte Patientin sämtliche Gedichte, Lieder und Chansons aus Tucholskys *Wenn die Igel in der Abendstunde* auswendig wusste und damit die ganze Station erfreute. Abend für Abend lauschten alle bis hin zu den türkischen Putzfrauen ihrem talentvollen Vortrag, was zur Folge hatte, dass die Herren Doctores ihre Patientinnen vorzeitig nach Hause schicken konnten und dass die Putzfrauen am nächsten Tag pfeifend, aufmüpfig und ohne Kopftuch die Arbeit antraten. Wenn das nicht Beweis genug sei!

Ich bin der Sache damals nachgegangen, und siehe da – es gibt inzwischen wirklich eine überwältigende Anzahl von Beweisen dafür, dass Lachen und Lesen sämtliche Lebensgeister weckt. Norman Cousins Bestseller *Der Arzt in uns selbst* zum Beispiel, wo der Autor von seiner eigenen, durch Lachen und Lesen erlangten Heilung von einer eigentlich hoffnungslosen Krankheit berichtet. Und aus der Kinderheilkunde sind rote Pappnasen offensichtlich gar nicht mehr wegzudenken. Inzwischen machen Clowns auf Kinderstationen Visite, und die Ergebnisse sind unglaublich!

Wer weiß, vielleicht haben Sie ja Lust, selbst einmal auszuprobieren, was es mit diesem sensationellen *Palmström-Effekt* auf sich hat. Hier ist er – Christian Morgensterns rührend komischer Palmström, der seinem Schnupftuch ein ästhetisches Ur-Erlebnis verdankt:

Palmström

Palmström steht an einem Teiche
und entfaltet groß ein rotes Taschentuch:
Auf dem Tuch ist eine Eiche
dargestellt, sowie ein Mensch mit einem Buch.

Palmström wagt nicht, sich hineinzuschneuzen –
er gehört zu jenen Käuzen,
die oft unvermittelt-nackt
Ehrfurcht vor dem Schönen packt.

Zärtlich faltet er zusammen,
was er eben erst entbreitet.
Und kein Fühlender wird ihn verdammen,
weil er ungeschneuzt entschreitet.

2
Ringelnatz und rote Rosen

Lungenentzündungen, müssen Sie wissen, scheinen so eine Art Spezialität von mir zu sein. Seit ich als Kind einmal beim Schlittschuhlaufen im Eis eingebrochen bin, damals in Christianssiel, habe ich Dutzende davon gehabt, so wie andere Leute Schnupfen oder Herpes oder weiß der Himmel was. In den letzten Jahren ist es sehr viel besser geworden, aber es gab eine Zeit, da konnte ich gleich nach den ersten Anzeichen nur noch in die Federn kriechen und jede Menge Antibiotika schlucken, was ehrlich gesagt ziemlich lästig war. Denn ich bekam davon einen Teint wie eine Schildkröte und sah so verheerend aus, dass jedes Make-up pure Verschwendung gewesen wäre. Zumindest kam es mir so vor. Es gab Tage, an denen ich mich eher der Vogelscheuche in unserem Gemüsebeet wesensverwandt fühlte, und ich konnte keinen Schuhkarton ansehen, ohne an die *alte Schachtel*

zu denken, in die mich diese linken Bazillen verwandelt hatten ...
Das gibt sich erfahrungsgemäß wieder, aber es ist auch nicht gerade sehr aufmunternd, wenn einem andere dann auch noch bestätigen, dass man tatsächlich so verboten aussieht, wie man sich fühlt. „Mariechen“, sagte mir mein Freund Peter einmal, als es mich wieder ganz besonders schlimm erwischt hatte, „Mariechen, du siehst aus, als hättest du im Heu übernachtet.”
Das ist genau die Art von Zuspruch, die man besonders gut gebrauchen kann, wenn man sich beispielsweise mit fast vierzig Grad Fieber in die Industrie- und Handelskammer schleppt, um Klausuren für die Buchhändlerprüfung mitzuschreiben. (Ich habe sie dann natürlich auch in den Sand gesetzt.) Aber das ist wohl ein ehernes Gesetz: Immer wenn man sich ohnehin schon hundeelend fühlt, kommt garantiert federnden Schrittes ein vor Gesundheit nur so strotzender Zeitgenosse des Wegs, der einem

frisch von der Leber weg bestätigt, was man ohnehin schon weiß: dass man – gelinde gesagt – aussieht wie das Leiden Christi. Meistens fallen diesen Leuten allerdings noch lustigere Formulierungen ein. Oder, sagen wir, Formulierungen, die andere vielleicht lustig finden. Leute nämlich, die gut lachen haben.

Peter, müssen Sie wissen, ist eigentlich kein schlechter Kerl und er hat es gewiss nicht böse gemeint, als er damals diese Schote mit dem Heu brachte. Aber im Grunde genommen hatte er Recht: Ich sah nicht nur so aus, als hätte ich im Heu übernachtet. Ich sah so aus, als *wohnte* ich in einem Heuschober.

Da dem nun mal so war, konnte ich ihm auch nicht weiter böse sein – und ich habe diesen Peter später trotzdem geheiratet. Er war nämlich so hinreißend zerknirscht, als ich nach dieser Bemerkung in Tränen ausbrach, dass ich ihm, selbst wenn ich es denn gewollt hätte, unmöglich länger als fünf Minuten gram sein konnte.

Außerdem brachte er mir noch am selben Tag einen üppigen Strauß roter Rosen vorbei und fragte, als er damit vor meiner Wohnungstür stand: *„Willst ma riechen, Mariechen?"* Da musste selbst ich in meinem erbärmlichen Zustand lachen. Ich lachte, dass meine Lunge nur so rasselte, was für Lungenentzündungen ziemlich typisch ist. Man wird zu so einer Art Klapperschlange. (*„Es klapperten die Klapperschlangen, bis ihre Klappern schlapper klangen"* – sagen Sie das fünfzigmal und Sie schlafen wie ein Murmeltier – garantiert! Da können Sie sich alles Schäfchenzählen sparen. Aber Schäfchenzählen ist sowieso öde, es ist weitaus unterhaltsamer, mit dem Schäfer über Gott und die Welt zu plaudern, denn Schäfer, habe ich immer gefunden, haben stets sehr ungewöhnliche Ansichten, weswegen sie wohl auch Schäfer geworden sind. Es gibt Zeiten, da freue ich mich fast über ein paar schlaflose „Schäferstündchen", und manchmal nehme ich einen

Block und schreibe mit, was mir da so alles zugetragen wird ... Diese Schäfer haben nämlich erstaunlicherweise stets sehr einfache Antworten auf höchst komplizierte Fragen parat ... Doch ich komme vom Thema ab. Zurück zu den Rosen.)

Dieses Rasseln in meiner Lunge tat zwar zunächst höllisch weh und ich befürchtete schon, dass es mich zerreißen würde, aber das Seltsame daran war: Danach ging es mir tatsächlich schlagartig viel besser, ob Sie's nun glauben oder nicht! Wahrscheinlich glauben Sie's mir nicht, die Welt ist voller Thomasse, aber, wirklich, dieses verflixte Fieber fiel fast augenblicklich um ganze zwei Grad, ungelogen!

Gut, ich gebe zu, dass das möglicherweise auch ein wenig mit den Wadenwickeln zu tun hatte, die mir Peter danach ganz fachgerecht angelegt hat. Aber ich glaube eher, dass es sein umwerfender Charme gewesen ist, der die Wunderheilung ausgelöst hat, und gerade dieses geniale

„Willst ma riechen, Mariechen?" natürlich. Und dann waren da ja noch die Gedichte! Denn an jede einzelne der vierundzwanzig Rosen, die mir Peter damals mitbrachte, war ein Gedicht oder ein anderes literarisches Juwel gebunden, ein Morgenstern zum Beispiel *(Heilig ist die Unterhose)* oder ein Ringelnatz *(Bindfaden, an den ich denke/kurz warst du, und lang ist's her).* Vor allem diese *aberwitzig* schöne Weihnachtsgeschichte von O. Henry, die vielleicht schönste Weihnachtsgeschichte der Welt, die an der vierundzwanzigsten Rose hing und die ich, wie es der Zufall so wollte, am Heiligen Abend zu lesen bekam. Es ist gleichzeitig die schönste Liebesgeschichte, das dürfen Sie mir ruhig einmal glauben.

Sie müssen wissen, ich sammle Liebesgeschichten seit meiner Kindheit, seit ich zum ersten Mal die Kunde von Aschenputtel vernahm. Ich glaube, ich kenne sie alle, alle mehr oder weniger berühmten Liebesgeschichten der Weltliteratur.

Was man immer über Aitmatows *Djamilia* sagt („Ich schwöre, es ist die schönste Liebesgeschichte der Welt"), stimmt nun wirklich nicht, echt. O. Henrys *Die Gabe der Weisen* ist um Klassen besser. Sie finden das Märchen, das, wer weiß, vielleicht gar kein Märchen ist, auf Seite 155. Schreiben Sie mir ruhig, wenn Sie anderer Meinung sind und eine schönere Liebes- oder Weihnachtsgeschichte wissen, auch wenn sie noch nicht fertig ist und vorerst vielleicht nur in Ihrem eigenen Kopf existiert. Schicken Sie sie mir – meine Adresse finden Sie hinten im Buch auf Seite 203. Ich meine das wirklich ganz ernst: *Ich freue mich nämlich immer über Post von netten Menschen.*

Doch zunächst würde ich Ihnen gerne noch ein paar von meinen Peter-Geschichten erzählen, denn ich habe mir nun mal fest vorgenommen, Ihnen mit den nächsten knapp zweihundert Seiten aufs Angenehmste die Zeit zu vertreiben. Lassen Sie sich ganz einfach von dem, was da auf Sie wartet, überraschen und vor allem zum Lachen verführen, selbst wenn Ihnen so gar nicht danach ist. Und achten Sie ausnahmsweise einmal nicht auf das, was Ihnen der *Kopf* sagt, sondern der *Bauch*.

3
Schokoladengeheimnisse

„Ist es Zufall, dass das Zwerchfell ausgerechnet in der Nähe des Bauches sitzt?“, fragte ich unlängst den alten Doktor Koslowski. „Wie ich Mutter Natur kenne“, antwortete er, „war das wieder mal ihre volle Absicht. Sie tut nämlich selten etwas ohne einen Hintergedanken. Ich schätze mal, dass das Zwerchfell über irgendwelche noch geheimen Mechanismen, die vielleicht demnächst mal jemand herausfindet, Sauerstoff ins Blut pumpt und andere gute Dinge mehr. Hab ich dir eigentlich schon die Geschichte von meinem belgischen Freund Jean-Jacques van Keuping erzählt? Erst kürzlich war ich zu seinem einhundertfünfzehnten (!) Geburtstag eingeladen. Dass er dieses biblische Alter erreicht hat, ist vor allem deshalb so erstaunlich, weil er 1888 mit einem schweren Herzfehler zur Welt gekommen ist und keiner der Ärzte ihm damals mehr als nur ein paar Jahre gab. Jean-Jacques hatte ein „blaues Herz“, so nannte seine Familie das, was bedeutete, dass man das Kind in Watte packte und daheim behielt, während seine Geschwister Schlittschuhlaufen gingen. Schon eine einfache Erkältung, so behaupteten die Herren Doctores, könne dem schmalbrüstigen Jungen den Rest geben.

In seiner ganzen traurigen Kindheit gab man ihm auf ärztliche Anweisung kaum etwas anderes als Schonkost zu essen, die im Wesentlichen aus Hühnersuppe, Grießbrei, Spinat und trockenem Zwieback bestand, und hin und wieder ein paar Waffeln, die ihm die Köchin in sein Krankenzimmer schmuggelte. Was ihn letztlich gerettet hätte, so hat er mir einmal erzählt, sei die Tatsache gewesen, dass er über schier unbegrenzte Mengen an Schokolade verfügen konnte, denn die van Keupings gehörten zu einer jahrhundertealten Kakaodynastie.

‚Le chocolat – c'est bon pour le cœur', hieß es, als man in der Familie voller Freude und zum maßlosen Erstaunen sämtlicher Ärzte Jean-Jacques' einundzwanzigsten Geburtstag feierte. ‚Schokolade ist gut fürs Herz', das wurde bei den van Keupings schließlich zum geflügelten Wort.
Aber noch etwas ganz anderes sei gut fürs Herz, hat mir Jean-Jacques erzählt: Überlebt habe er diese ganze Schonkost in seiner Kindheit nur, weil ihm sein wunderbarer Wiener Hauslehrer dabei geholfen habe, den größten Teil seiner Schokoladenvorräte gegen die Bücher einzutauschen, die die beiden immer schon lesen wollten. Das war also sein Geheimnis!
So kam es, dass Jean-Jacques die meisten van Keupings seiner Generation überlebte: Er las sich durch die Weltliteratur, begann mit dreißig Germanistik und Philosophie zu studieren und mit vierzig intensiv Sport zu treiben; mit fünfzig hat er dann die schöne Südamerikanerin Pilar geheiratet, mit der er drei Kinder hatte; mit

sechzig übernahm er vorübergehend die Leitung der van Keupingschen Schokoladenfabriken in Lüttich; mit siebzig fing er an zu schreiben, um mit achtzig sämtliche Bestsellerlisten in Holland und Belgien zu stürmen. Seine Memoiren mit dem schönen Titel *Schwarzhandel*, in denen er die fabelhafte Geschichte seiner alten seefahrenden Familie erzählt, haben ihn quasi über Nacht berühmt gemacht. Mit neunzig hat er immer noch jeden Morgen zwei Stunden lang von fünf bis sieben Uhr geschrieben, bevor er zwölf Kilometer ins nächste Städtchen zum Markt geradelt ist. Danach hat er in der Regel ein, zwei Stunden mit Gartenarbeit verbracht und den Rest des Tages in seinem alten Chesterfield-Sessel gesessen und gelesen. Mit hundert wurde er zu Hofe eingeladen und für seine neueste Blumenzucht geehrt, eine schokoladenbraune (!) gefüllte Pfingstrose von wirklich atemberaubender Schönheit, die er angeblich immer mit Kakao gedüngt hat. Vor ein paar Jahren, als er seinen hundertzehnten Geburtstag feierte, antwortete er den Journalisten auf die Frage, was er denn für die Zukunft plane: ‚Na ja, sterben halt.'

Aber irgendwie, hat er dann noch angemerkt, habe er sich bis jetzt noch nicht so recht dazu entschließen können, die Bücher für immer aus der Hand zu legen. (‚Weiß der Himmel, ob es im Jenseits etwas Gescheites zu lesen gibt', hat er immer gemeint.) Zweimal die Woche komme das Börsenblatt des Deutschen Buchhandels und alle vier Wochen die Zeitschrift *Lire*, und darin sei immer von so vielen unglaublich interessanten Neuerscheinungen die Rede, dass er mit dem Ableben doch lieber noch ein bisschen warten wolle. Wie lange er sich noch so durchmogeln könne, stehe allerdings in den Sternen. ‚Le lire, vous avez, c'est bon pour le cœur – et ce qui est bon pour le cœur, c'est bon pour le corps également', hat er immer gesagt, was auf gut Deutsch so viel heißt wie: *Lesen, wissen Sie, ist gut fürs Herz – und was dem Herzen gut tut, ist auch für die Gesundheit gut.* Einhundertsechzehn glücklich verbrachte Jahre", sagte Doktor Koslowski, „sind wohl Beweis genug.

Was *meinem* Herzen manchmal ganz besonders gut tut, das sind ein paar Gedichte, die wahrscheinlich die meisten von uns kennen. Und doch: Es ist damit oft wie mit alten Freunden. Manchmal verliert man sich jahrzehntelang aus den Augen und plötzlich trifft man sich wieder und es ist wie in den guten alten Zeiten – ach was, viel besser noch! Denn Gedichte, mit deren Interpretationen man uns in der Schule gequält hat, liest man als Erwachsener doch ganz anders. Ja, ich behaupte sogar, dass Jugendliche im Rabaukenalter von sechzehn Jahren weder willens noch in der Lage sind, die schöne Poesie richtig zu goutieren. Damit ist es nämlich wie mit gutem Wein: Der wahre Genuss daran erschließt sich erst im reifen Alter. Was Rainer Maria Rilkes wunderbarer

Panther wirklich bedeutet, darauf kommt man erst, wenn man eine ganze Menge Leben hinter sich hat."

Der Panther

Im Jardin des Plantes, Paris

Sein Blick ist vom Vorübergehn der Stäbe
so müd geworden, daß er nichts mehr hält.
Ihm ist, als ob es tausend Stäbe gäbe
und hinter tausend Stäben keine Welt.

Der weiche Gang geschmeidig starker Schritte,
der sich im allerkleinsten Kreise dreht,
ist wie ein Tanz von Kraft um eine Mitte,
in der betäubt ein großer Wille steht.

Nur manchmal schiebt der Vorhang der Pupille
sich lautlos auf –. Dann geht ein Bild hinein,
geht durch der Glieder angespannte Stille –
und hört im Herzen auf zu sein.

In die großen Gedichte muss man tatsächlich erst hineinwachsen, wie etwa in Hermann Hesses *Stufen*. Mich hat dieses Gedicht fast so wie ein Schutzengel mein ganzes Leben lang begleitet. Wie ein Stern leuchtet sein wunderbares

Und jedem Anfang wohnt ein Zauber inne,
Der uns beschützt und der uns hilft zu leben …

Sie finden das ganze Gedicht auf Seite 152, denn es gehört zu jenem literarischen Bouquet, das zusammen mit Peters Wadenwickeln damals zu meiner Gesundung beigetragen hat. Doch lassen Sie mich Ihnen zunächst noch ein paar Geschichten erzählen, in denen gelegentlich auch Engel vorkommen, sehr menschliche meistens, aber auch ein paar weniger irdische …

4
Die Lederhose des Herrn Börries von Münchhausen

Früher, da ich noch ein Rindvieh war und zu Perfektionismus, Selbstvorwürfen und oben erwähnten Lungenentzündungen neigte, schlug mir zuweilen schwer der Gedanke aufs Gemüt, dass es offensichtlich Leute gibt, die so eine Art *Abonnement aufs Glück* zu haben scheinen, während mich das Schicksal, wie das so die Art des Schicksals ist, zu *beuteln* liebt.

Bei anderen, dachte ich, herrscht *alle Tage eitel Freude.* Des Abends um sieben, wenn es bei uns zugeht wie auf dem Bahnhof Zoo, betätigt in anderen, glücklicheren Familien die züchtige Hausfrau mit einem zierlichen Filzklöppelchen den Gong und flötet ein kaum vernehmliches „Essen ist fertig“, woraufhin ohne jeden weiteren Verzug der wohlgeratene, strebsame Nachwuchs, der bis dahin brav Vokabeln gelernt hat, nicht nur mit gewaschenen Händen, sondern auch mit *sauberen Fingernägeln* und adrett gescheiteltem Haar bei Tisch erscheint. Hernach helfen alle freudig – und ohne dass es einer besonderen Aufforderung dazu bedarf – in der Küche beim Aufräumen, bevor man zum gemütlichen Teil des Abends, einer gemeinsamen Partie *Trivial Pursuit* oder einer Runde *Monopoly* übergeht.

Dieser intelligenzfördernden Spiele wegen sind andererleuts Kinder wohl auch immer so wahnsinnig schlau. Sie wissen nämlich, worauf es wirklich ankommt im Leben, weil sie, statt Schlitten zu fahren oder Flöße zu bauen wie unsere Sprösslinge, ihre Freizeit nicht nur mit artiger Konversation, sondern auch mit *pädagogisch wertvollen* Beschäftigungen verbringen. Auch bevorzugen sie Formen der Körperertüchtigung, bei denen man sich nicht ständig bekleckert, während unsere Kinder eine natürliche

Affinität zu *Dreck* zu haben scheinen. Selbst wenn es wochenlang nicht geregnet hat – irgendein Schlammloch oder irgendeinen Topf mit noch nicht ganz eingetrockneter Farbe finden unsere Kinder immer! Darauf kann man getrost Gift nehmen, oder, wie Doktor Koslowski zu sagen pflegt, einen Hamburger essen.

Außerdem hat unser Nachwuchs das seltene Talent, nigelnagelneue Kleidungsstücke binnen kürzester Frist schön gleichmäßig mit Löchern zu versehen.

Mein Mann, der in seiner unendlichen Herzensgüte zuweilen versucht, mir die eine oder andere Arbeit abzunehmen, ist kürzlich auf die für ihn nahe liegende Idee verfallen, diese Löcher mit Leukoplaststreifen zu überkleben, die er zuvor in Gummilösung zu tauchen pflegt. Dann geht er noch von beiden Seiten mit ein wenig Klarlack drüber – und fertig ist die Laube! Unsere Kinder sehen dadurch zwar aus wie die Rotznasen aus *Zille seim Milljöh,* aber ich muss zugeben, dass man mit Peters höchst unkonventionellen Improvisationen eine ganze Menge Geld sparen kann. Und das ist in Zeiten, die immer schwieriger zu werden scheinen, immerhin etwas. Die Klamotten halten jetzt wenigstens so lange, bis unsere Kinder rausgewachsen sind, und das ist im Vergleich zu früher schon einmal ein deutlicher Fortschritt. Auch sind sie durch die zusätzliche Behandlung mit Klarlack nicht nur wasserdicht, sondern auch erstaunlich standfest. Unsere Söhne stellen sie jetzt immer zum Trocknen an den Kachelofen, was mich stets an diese wunderbare Ballade von Börries von Münchhausen erinnert:

Lederhosen-Saga

Es war ein alter schwarzbrauner Hirsch,
Großvater schoß ihn auf der Pirsch,
Und weil seine Decke so derb und dick,
Stiftete er ein Familienstück.
Nachdem er lange nachgedacht,
Ward eine Hose daraus gemacht.
Denn Geschlechter kommen, Geschlechter vergehen,
Hirschlederne Reithosen bleiben bestehen.

Er trug sie dreiundzwanzig Jahr,
Eine wundervolle Hose es war!
Und als mein Vater sie kriegte zu Lehen,
Da hatte die Hose gelernt zu stehen,
Steil und mit durchgebeulten Knien
Stand sie abends vor dem Kamin, –
Schweiß, Regen, Schnee, – ja, mein Bester:
Eine lederne Hose wird immer fester!

Und als mein Vater an die sechzig kam,
Einen Umbau der Hose er vor sich nahm,
Das Leder freilich war unerschöpft,
Doch die Büffelhornknöpfe warn dünngeknöpft
Wie alte Groschen, wie Scheibchen nur, –
Er erwarb eine neue Garnitur.

Und dann allmählich machte das Reiten
Ihm nicht mehr den Spaß wie in früheren Zeiten.
Besonders der Trab in den hohen Kadenzen
Ist kein Vergnügen für Exzellenzen.
So fiel die Hose durch Dotation
An mich in der dritten Generation.

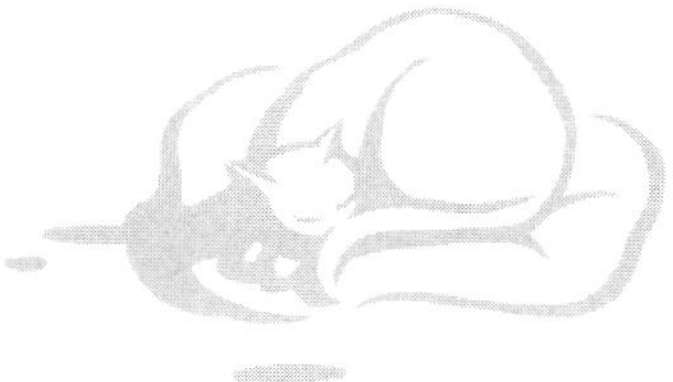

Ein Reiterleben in Niedersachsen, –
Die Gaben der Hosen warn wieder gewachsen!
Sie saß jetzt zu Pferde wie aus Guß,
Und hatte wunderbaren Schluß,
Und abends stand sie mit krummen Knien
Wie immer zum Trocknen am Kamin.

Aus Großvaters Tagen herüber klingt
Eine ferne Sage, die sagt und singt,
Die Hose hätte in jungen Tagen
Eine prachtvolle grüne Farbe getragen,
Mein Vater dagegen – weiß ich genau –
Nannte die Hose immer grau.

Seit neunzehnhundert ist sie zu schaun
Etwa wie guter Tabak: braun!
So entwickelt sie, fern jedem engen Geize,
Immer neue ästhetische Reize.
Und wenn mein Ältester einst sie trägt,
Wer weiß, ob sie nicht ins Blaue schlägt!

Denn fern im Nebel der Zukunft schon
Seh ich die Hose an meinem Sohn.
Er wohnt in ihr, wie wir drin gewohnt,
Und es ist nicht nötig, daß er sie schont,
Ihr Leder ist gänzlich unerschöpft –
Die Knöpfe nur sind wieder durchgeknöpft,
Und er stiftet, folgend der Väter Spur,
Eine neue Steinnußgarnitur.

Ja, Geschlechter kommen, Geschlechter gehen,
Hirschlederne Reithosen bleiben bestehen!

Börries von Münchhausen

Das ist doch nun mal wirklich ein schönes Stück Poesie! Ist es nicht erstaunlich, welche Funken man aus einer alten Lederhose schlagen kann? Immer wenn der Anblick der Klarlack-Skulpturen, in denen unsere Sprösslinge stecken, ganz offensichtlich etwas befremdlich auf unsere Gäste wirkt, gibt einer von uns die Ballade zum Besten. Selbst unser Ältester hat sie inzwischen auswendig gelernt, weil er festgestellt hat, dass so etwas bei Familien-, Weihnachts- und anderen Feiern immer sehr gut ankommt und dass die Mädels von derlei Vorträgen stets höchst beeindruckt sind. Bei unserem jüngeren Sohn ist in puncto Auswendiglernen alle Hoffnung vergebens, dafür ist er einfach zu faul. „Kreativität", sagte er mir kürzlich, „ist ja ganz schön, Mama, macht aber viel Arbeit. Und lässt vorzeitig altern. Du könntest, wenn du nicht immer einen auf Weltverbesserer machen würdest, auch zehn Jahre jünger aussehen!" (Das sind so die Texte, die man sich von seinem Nachwuchs zuweilen anhören muss ...)

Als ich ihm kürzlich erklärte, dass sich die Mädels gern in Künstler und andere Feuerköpfe mit blitzenden Augen verlieben, ließ ihn das jedenfalls ziemlich kalt. Angeblich hatte ich diese wissenschaftlich belegte Tatsache in der seriösen Zeitschrift *Science Millennium* gelesen, aber das stimmt natürlich nicht. Manchmal muss man Männer und andere kopflastige Wesen ein wenig anschwindeln, denn wenn man nur so aus dem Bauch heraus extemporiert, glauben sie einem in aller Regel nicht. Meinem Mann lege ich manchmal eine „Photokopie“ aus der besagten Zeitschrift hin, die ich am oberen Rand mit einer handschriftlichen Quellenangabe ziere, wie sich das gehört (zum Beispiel: Aus „Science Millennium“, Entenhausen, Ausgabe Dezember 03), was meinen wissenschaftsgläubigen Mann stets sehr beeindruckt.

Und da mein Mann dieses Buch sowieso nicht lesen, sondern höchstens durchblättern wird, weil er ja meint, mich zu kennen und ohnehin zu wissen, was drin steht, kann ich's Ihnen auch gleich verraten: Diese „Photokopie" stelle ich auf dem Computer her. Ich sauge mir die gewünschte Tatsache ganz einfach aus den Fingern, layoute das Ganze ansprechend und drucke es aus. Dann *photokopiere* ich es noch einmal (das zumindest ist nicht gelogen) – und lege meinem wunderbar geistesabwesenden Mann die von einem gewissen Doktor Daniel Düsentrieb verfassten Texte hin, die eindeutig das eine oder andere beweisen, was mir gerade in den Kram passt.

Ich kann diese Technik sehr empfehlen – und das nicht nur als netten Aprilscherz. Man kann auch andere Botschaften in solche Artikel verpacken, zum Beispiel *„Männer, die ihren Partnerinnen öfter als einmal pro Jahr ein Kompliment machen, leben nachweislich länger"* oder so ähnlich ... So etwas

zieht immer. Seit ich meinem Peter diesen Artikel aus *Science Millennium* hingelegt habe, kriege ich jeden Morgen ein Kompliment (oder das, was mein Mann dafür hält, denn die schwierige Kunst, einer Frau etwas wirklich Nettes, Unzweideutiges zu sagen, hat meines Wissens noch kein Mann beherrscht. Ich habe schon darüber nachgedacht, ob ich nicht so etwas wie einen *Fettnäpfchenführer* für Männer schreiben sollte, aber davon habe ich Abstand genommen, weil die meisten Männer unter mehr oder weniger schweren Formen der *Leseschwäche* leiden. Anwesende natürlich ausgenommen.)
Unabhängig davon habe ich inzwischen gelernt, mich auch über solche Fettnäpfchen-Komplimente wie „Liebling, du alterst so anmutig“ zu freuen. Denn irgendwann muss man schließlich lernen, die Dinge nicht mehr so eng zu sehen. Allerdings sollte man damit nicht zu spät anfangen. Es lebt sich einfach wesentlich angenehmer, wenn man sich kurzerhand von

dem Anspruch, perfekt zu sein, löst. Was zugegebenermaßen nicht ganz einfach ist. Ich selbst habe über vierzig Jahre gebraucht, um damit halbwegs zurande zu kommen, aber besser spät als nie (oder wie Peter es gern ausdrückt *Better nate than lever* – solche Sprachwurschteleien sind nämlich seine Spezialität).
Heute rege ich mich nur noch an Tagen mit X auf, wenn zum Beispiel die Steuerprüfung kommt (doch dazu mehr am Ende des Buches, wenn Sie gesundheitlich wieder soweit hergestellt sind, dass Sie darüber ebenso herzlich lachen können wie inzwischen auch ich selbst). Oder wenn mich der Steuerberater wieder einmal herunterputzt. Eigentlich müsste man dann strammstehen und die Hacken mit einem zackigen „Jawoll!" zusammenknallen, aber das bringe ich immer noch nicht fertig. Meistens schleiche ich mich geknickt von dannen, um danach zu Hause wieder mal zur Zielscheibe höchst testosteronhaltiger Bemerkungen zu

werden. „Warum kaufst du nicht einfach nur Bestseller ein? Wenn die Hälfte aller Neuerscheinungen, die du in deinen Laden stellst, nur Flops sind – warum kaufst du nicht die andere Hälfte ein?" Solche Patentlösungen können nur Männern einfallen, die da, wo bei uns das Herz sitzt, einen Taschenrechner haben ...

Aber wissen Sie was? Irgendwann habe ich ganz einfach damit *aufgehört*, mich zu ärgern. Und zwar von einem Tag auf den anderen – so wie andere Leute mit dem Rauchen aufhören. Ich rege mich nicht einmal mehr auf, wenn mich der Schuldirektor unseres jüngeren Sohnes anruft, der unsere Nummer sogar schon *eingespeichert* hat. Hin und wieder wird man natürlich rückfällig, aber es wird von Mal zu Mal leichter, sich danach wieder am Riemen zu reißen. Vor allem, wenn man sich daran erinnert, dass Ärgern ungefähr genau so ungesund ist wie das Rauchen.

5
Weise werden mit Wilhelm Busch

Früher, da ich noch nicht so schlau war und mich der Neid noch plagte, habe ich mich unter anderem ständig gefragt, was ich eigentlich verkehrt gemacht habe, wenn ich die wohlerzogenen, *engelsgleichen* Kinder sah, die andere Leute zu haben schienen.

Sie sahen nicht nur besser aus als die unseren in ihren Klarlackhosen, angeblich waren sie auch durch die Bank weg schon ganz *aufgeweckte* Kerlchen gewesen, als sie noch ganze Tage in ihren Gitterbettchen verschliefen – zumindest habe ich diesbezüglichen Behauptungen ihrer stolzen Eltern bzw. Großeltern stets Glauben geschenkt. Kein Wunder, hatten sie doch im zarten Alter von sechs Monaten schon *Englisch für Krabbelkinder* in ihrem Kinderzimmerregal stehen, und nur wenig später ihr erstes *Vorschulbuch*. Ich habe übrigens auch nie daran gezweifelt, dass diese Frühreifen weitaus bessere Manieren haben als der durchschnittliche Nachwuchs von Otto Normalverbraucher. Spätestens im Alter von achtzehn Monaten schienen Nachbars Wunderkinder nicht nur in der Lage zu sein, flüssig Englisch zu reden, sondern auch mit Messer und Gabel zu essen, *ohne* die Erbsen im Kreis herumzuschieben und sie gar auf dem Tischtuch (!) weiterzuverfolgen wie unser Nachwuchs, der sich dieser Beschäftigung mit Fleiß hingibt (siehe weiter unten, Stichwort *Erbsenkicker*).

Irgendwie musste ich, wie ich mir vorzuwerfen liebte, an ganz entscheidenden Punkten der seelischen Entwicklung unserer Kinder die falschen Weichen gestellt haben.

Bis mir mein Mann ein *Pinnbrett* zum Geburtstag schenkte.

Nun fragen Sie sich wahrscheinlich, was ausgerechnet ein Pinnbrett mit meinen ewigen

Selbstzweifeln zu tun hat. Ganz einfach: An dieser Pinnwand hängen nämlich inzwischen Hunderte von fabelhaften Fundsachen, die mich daran erinnern, dass *nicht alles Gold ist, was glänzt,* und dass man Nachbars wirklich nicht zu beneiden braucht, weil das Glück nicht so parteiisch ist, wie man immer denkt.
Diese Erkenntnis hat unter anderem auch damit zu tun, dass jene *Wunderkinder*, die früher immer in glänzenden Lackschuhen und strahlend weißen Söckchen herumliefen, jetzt ebenso wie alle anderen in diesen Schmuddeljeans in die Schule schlappen, die so aussehen, als hätte sie Heinrich Schliemann höchstpersönlich auf einer seiner archäologischen Ausgrabungen ausgebuddelt. Außerdem habe ich festgestellt, dass Nachbars Wunderkinder genauso oft schlechte Noten mit nach Hause bringen wie unsere eigenen Ableger. Seit ich weiß, dass ich mich im Grunde mit meiner Pädagogik in einem relativ grünen Bereich befinde, zerbreche ich mir nicht mehr den Kopf darüber,

was ich offensichtlich alles falsch mache. Auch gehe ich dem Geprahle anderer Leute, ihren genialen Nachwuchs betreffend, nicht mehr auf den Leim. Jedenfalls nicht mehr so häufig. Obwohl mich diese Einser in Mathe oder Physik, die andere Kinder mit nach Hause bringen, immer noch beeindrucken. Aber die haben ja auch von Opa und Oma schon zum dritten Geburtstag das Mikroskop geschenkt bekommen …
Was soll's. Ich muss sagen, mein Leben ist um vieles einfacher geworden, seit ich die Dinge nicht mehr so eng sehe. Außerdem habe ich beim letzten Klassentreffen mit einer gewissen Befriedigung festgestellt, dass die Überflieger und Einserkandidaten von damals eigenartigerweise auch nicht die supersteile Karriere gemacht haben, die ihnen meine Mutter immer prophezeit hatte. Ich habe mich eher für die Außenseiter gefreut, die unsere Lehrer stets auf dem Kieker hatten, denn die haben in der Regel die erstaunlichsten Biographien.

Jetzt weiß ich auch endlich, dass ich, wie Wilhelm Busch das seinerzeit so schön beobachtet hat, auf der großen Weide nicht das einzige Rindvieh bin:

Selbsterkenntnis

Früher, da ich unerfahren
Und bescheidner war als heute,
Hatten meine höchste Achtung
Andre Leute.

Später traf ich auf der Weide
Außer mir noch andre Kälber,
Und nun schätz ich, sozusagen,
Erst mich selber.

Das war einer der ersten Texte, die ich damals, vor etwa zehn Jahren, an mein nigelnagelneues Brett geklemmt habe. Seither ist eine ganze Menge an sehr erstaunlichen, hellsichtigen Beobachtungen aus der Feder des großen Wiedensahlers hinzugekommen. Denn dieser Wilhelm Busch, fand ich damals heraus, hatte wesentlich mehr drauf als nur *Max und Moritz* oder *Plisch und Plum.* Natürlich kennt man ihn als den Autor jener hinreißenden Bildergeschichten vom *Maler Klecksel, Tobias Knopp* und *Balduin Bählamm,* aber die wahren Juwelen seiner Poesie findet man in den heiter-melancholischen Gedichten der *Kritik des Herzens* und in den abgrundtiefen Lebensweisheiten von *Schein und Sein.* Wie es der Zufall wollte, fiel mir eines Tages just in dem Augenblick eine schon leicht angegilbte Wilhelm-Busch-Ausgabe von Reclam Leipzig in die Hände, als ich gerade diese Art von Zuspruch besonders gut gebrauchen konnte. Ich klappte das Buch auf, strich über das ziemlich holzhaltige Papier – und schon hatte ich mir einen Splitter in die Hand gezogen, den mir nur Peter mit seiner Pinzette wieder rausholen konnte. Ergebnis des Ganzen war aber immerhin, dass all der

andere Schmerz, der mich bis dahin geplagt hatte, im Nu vergessen war – er war ganz einfach weg. Als ob er nie da gewesen wäre! Damals bekam ich zum ersten Mal eine Ahnung davon, dass *Literatur sogar noch in homöopathischen Dosen zuweilen besser wirkt als alle Chemie ...*
Busch lehrte mich übrigens auch, dass die Leute, die ich einst zu beneiden pflegte, nicht unbedingt wunschlos glücklich sind:

Niemals

Wonach du sehnlich ausgeschaut,
Es wurde dir beschieden.
Du triumphierst und jubelst laut:
Jetzt hab ich endlich Frieden!

Ach, Freundchen, rede nicht so wild.
Bezähme deine Zunge!
Ein jeder Wunsch, wenn er erfüllt,
Kriegt augenblicklich Junge.

Wie unklug es ist, andere zu beneiden, die sich jeden Wunsch erfüllen können, ach was – erfüllen *müssen*, das wurde mir erst damals so richtig klar. Busch löst überhaupt gern solche Erkenntnisschübe aus …

Für den nicht ganz unwahrscheinlichen Fall übrigens, dass Sie dieser ganz andere Wilhelm Busch ebenso neugierig macht wie mich damals, sei an dieser Stelle hinzugefügt, dass Sie im zweiten Teil dieses Buches noch ein paar weitere Juwelen seiner Lebensweisheiten finden. Leider passen nicht all die fabelhaften Texte, die ich über die Jahre hinweg gesammelt habe, in dieses schmale Bändchen. Betrachten Sie sie eher als Kostproben, als *literarische Appetithäppchen* sozusagen, und wenn Ihnen der eine oder andere meiner Lieblingsdichter besonders liegen sollte, brauchen Sie nur in die nächstgelegene Buchhandlung zu gehen und sich dort einen Nachschlag zu holen. Schon mit einem Reclamheft für einszwanzig kommt man ziemlich weit. Das Trio Robert Gernhardt/F. W. Bernstein/F. K. Waechter *(Die Kritiker der Elche/ Warn früher selber welche)* sei hier besonders empfohlen. Aber auch, wer's mit der Klassik hat, wird schnell fündig: Fritz Reuter und Heinrich Heine, Theodor Fontane und Marie von Ebner-Eschenbach, Rainer Maria Rilke, Kurt Tucholsky, Erich Kästner und Mascha Kaléko, Albrecht Goes und Erich Fried und viele andere mehr.

Auch moderne (Welt)Schmerzstiller gibt es *rezeptfrei* in der Buchhandlung Ihres Vertrauens. Das Gute daran ist, dass sie nur positive Nebenwirkungen haben, und das einzige Risiko besteht darin, dass man unter gewissen Entzugserscheinungen leidet, sobald man einen von ihnen ganz ausgelesen hat. Aber trösten Sie sich – dem Himmel sei Dank gibt es ja immer noch Elke Heidenreich oder auch Axel Hacke: Sie gehören zweifellos zu den Leuten, die einem den Glauben an die Menschheit wieder-

geben können, so man ihn gerade zum wiederholten Mal verloren hat – *abends nach den Nachrichten zum Beispiel*, wenn man auf den finsteren Gedanken verfällt, ob man statt Schwerter zu Pflugscharen nicht lieber, wie Peter Köhler vorgeschlagen hat, amerikanische Präsidenten zu *Königsberger Klopsen* verarbeiten sollte. Aber meistens nehme ich dann davon wieder Abstand, weil sich ein solches Projekt, wiewohl äußerst reizvoll, nur unter relativ großen Schwierigkeiten in die Tat umsetzen lässt. Und wenn auf die Katastrophenmeldungen aus aller Welt dann noch der *Musikantenstadl* folgt, dann hilft in aller Regel nur noch ein Schnaps – oder ein tröstliches Gedicht von Wilhelm Busch:

Es sitzt ein Vogel auf dem Leim,
Er flattert sehr und kann nicht heim.
Ein schwarzer Kater schleicht herzu,
Die Krallen scharf, die Augen gluh.
Am Baum hinauf und immer höher
Kommt er dem armen Vogel näher.

Der Vogel denkt: Weil das so ist
Und weil mich doch der Kater frißt,
So will ich keine Zeit verlieren,
Will noch ein wenig quinquilieren
Und lustig pfeifen wie zuvor.
Der Vogel, scheint mir, hat Humor.

Wilhelm Busch

6
Mit Hacke in die Besenkammer

Manchmal komme ich mir übrigens auch so vor wie dieser Vogel, der da auf dem Leim sitzt. Vor ein paar Jahren sind wir nämlich uns selbst auf den Leim gegangen (was immer ein großer Fehler ist) und haben uns aus unerfindlichen Gründen so ein Fass ohne Boden gekauft – so eine hochgradig historische Mühle aus dem siebzehnten Jahrhundert, in der jede verdammte Türklinke denkmalgeschützt ist. Diese Mühle sieht zwar von weitem sehr romantisch aus, wie von Ludwig Richter hingemalt, doch ich sage Ihnen, sie treibt mich noch zur Verzweiflung!

Da sie – wie alle Wassermühlen hierzulande – in einem feuchten Tal liegt, ist es darin so abartig kalt,

dass man sich dort problemlos sämtliche Extremitäten abfrieren kann, wenn man sich nicht entsprechend wappnet. Das haben wir natürlich versucht. Doch leider hat unsere sagenhafte Fußbodenheizung, angeblich das Modernste vom Modernen, noch nie so richtig funktioniert. Paule Fürbaß, unser Klempner, von dem weiter unten noch die Rede sein wird, doktert zwar ständig daran herum, doch ohne überzeugende Ergebnisse.

Aber da wir nun einmal in diesem Hause wohnen, müssen wir uns wohl oder übel mit diesen bedauerlichen Tatsachen abfinden. Verkaufen können wir den Kasten in diesen Zeiten auch nicht – nicht mal für einen Appel und ein Ei. Also bleibt uns nichts anderes übrig, als uns in dieses Schicksal zu fügen und – wie sagen diese Positivdenker immer? – das Beste daraus zu machen. „If live gives you lemons make lemonade!" steht an meiner Pinnwand – aber was, frage ich Sie, soll ich mit *Limonade*, wenn ich kalte Füße habe?

Bis vor kurzem wusste ich mir nicht besser zu helfen, als meine alten kanadischen Fellstiefel anzuziehen, doch dann kam ich auf die Idee, mir und den Meinen beheizbare Pantoffeln zu basteln. Die Geschichte, die dazu gehört, ist lang und *tragisch* und ich habe unlängst darüber ausführlich in einem meiner Bücher berichtet. Ich glaube, es war in den *1000 Gründen, warum es eigentlich ganz schön ist, nicht mehr 20 zu sein.* So genau weiß ich das nicht mehr, denn ich schreibe sehr viel. Aber nicht etwa, weil ich so ein starkes Mitteilungsbedürfnis habe, nein, weit gefehlt! *Ich schreibe, weil ich dann in meine Besenkammer darf.*

Ich habe nämlich vor ein paar Jahren in einem nicht einmal zweieinhalb Quadratmeter großen Gelass an der Ostseite dieser unseligen Mühle mein Lager aufgeschlagen. Hier sitze ich des Morgens, wenn es im übrigen Teil des Hauses noch so eiskalt ist, dass ich zuweilen die Eisblumen vom Fenster kratzen muss, um einen Blick aufs Außenthermometer zu tun. Lange Zeit, bevor ich auf diese fabelhafte Idee mit der Besenkammer verfiel, saß ich morgens zitternd an meinem Schreibtisch und malte irgendwelche Kreise, Wellen und geometrische Figuren auf einen ansonsten völlig leeren Block. Mir fiel einfach nichts ein, jedenfalls nichts Gescheites. Auf was für Ideen soll man auch kommen, wenn man permanent *Frostbeulen* an der Hacke hat?

Apropos Hacke: Einer von Axel Hackes allwöchentlichen Kolumnen habe ich es zu verdanken, dass ich schließlich nicht festfror an meinem alten reifbedeckten Schreibtisch. Und das kam so: Damals, als diese Besenkammergeschichte von Boris Becker die Gemüter der Nation erhitzte, las ich irgendetwas äußerst Witziges dazu bei Axel Hacke und musste laut loslachen – als mich plötzlich dieser Götterfunke streifte: die Besenkammer, sagte ich mir, das ist überhaupt *die* Lösung!

Denn so ungemütlich scheinen Besenkammern ja nicht zu sein. Außerdem kann man sie problemlos mit einem kleinen Heizöfchen warm kriegen! Auch ist auf dem Fensterbrett noch ein Plätzchen frei für einen Samowar und notfalls auch noch für einen unserer Kater, die sich in diesem Hause genauso die Pfoten abfrieren wie ich. Was will man also mehr? Ich nahm die Kammer in Augenschein und stellte fest, dass noch zwei schmale Ikea-Regale für Bücher und anderen Kram, den man so braucht, hineinpassten, ebenso ein Klapptisch mit jeder Menge Platz darunter für unsere beiden Cocker-Spaniels.

Castor und Pollux, müssen Sie wissen, sind zwei liebe, wenn auch etwas dösige Hunde, die die idealen Fußwärmer abgeben. Doch da sie wie alle Cocker-Spaniels nicht viel mehr im Kopf haben als die nächste Mahlzeit, muss man sie zwischendurch mit ein paar Scheiben Bier- oder Dauerwurst bestechen. Anders lassen sich die beiden nicht bei der Stange halten. Wenn ich sie einmal vergesse, trollen sie sich und gehen zu Nachbars rüber, wo sie mit regelmäßigen Zuwendungen in Form von geräucherten Forellenfiletstückchen rechnen können. Und wo sie vor allem den ganzen Tag fernsehen dürfen, doch das gehört schon nicht mehr ganz zum Thema, denn ich erzähle diese Geschichte hier nur, damit Sie verstehen, warum auf meinem Schreibtisch eine *Salami* liegt, nebst einem Schweizer Offiziersmesser, das auch als Brieföffner dient.

An der Salami hängt ein Text von Erich Kästner *(„Das Glück ist ja schließlich keine Dauerwurst ...")* und ich benutze die Wurst als Briefbeschwerer für unangenehme Post, blaue Briefe vom Finanzamt zum Beispiel oder von diversen Gebühreneinzugszentralen (weil ich meine Knöllchen immer nicht bezahle). Auch die Sendschreiben vom Klassenlehrer meines Sohnes deponiere ich hier ebenso wie alle Post, die mich daran erinnern soll, dass ich nicht nur in meiner Eigenschaft als Mutter, sondern auch als Steuersubjekt ein *underachiever* bin.

Aber seit ich vor ein paar Jahren diesen sagenhaften *Salami-Briefbeschwerer* erfunden habe, sind mir dergleichen Sendschreiben im wahrsten Wortsinne *wurst*. (Man beachte die gekonnte Alliteration, für so etwas kriegt man in Amerika schon irgendeinen *award*). Ich habe inzwischen kaum noch Lungenentzündungen, nur noch alle Jubeljahre mal. Ist doch erstaunlich, was so eine Salami von Aldi in Verbindung mit ein wenig Kästner drauf hat, wenn man sie nur richtig einzusetzen weiß! Zumal diese Aldi-Salami auch noch den Vorteil hat, ein wenig vor sich hinzuschwitzen, weswegen diese Post nach und nach die zierlichsten Fettflecken kriegt, und das ist etwas, das mein schlichtes Gemüt stets sehr erfreut ... Doch zurück zu meiner Besenkammer. Ganz ideal wäre mein kleines Paradies da oben, wenn ich noch genügend Platz für ein Sofa darin hätte. Aber man kann einem ewigen Gesetz zufolge nicht alles haben. So sitze ich denn des Morgens in meinem Bau, lange bevor die Meinen wach sind, trinke Tee und schreibe oder male oder lese einfach nur – und bin ganz einfach glücklich dabei.

Zum ersten Mal seit Jahren habe ich wieder *warme Füße*, eine Tatsache, die ich immer noch dankbar zur Kenntnis nehme. Auch würde ich um nichts in der Welt das Vogelkonzert verpassen wollen, das in der Saison hier jeden Morgen aufgeführt wird, bevor die Sonne aufgeht ... Das allein ist für mich schon Grund genug, den Wecker bis zur Sonnenwende jeden Tag ein wenig früher einzustellen. Aber ich wache ohnehin von allein auf, denn ich freue mich so auf diese Stunden, die ganz allein mir gehören, dass ich immer schon fünf Minuten vorher wach werde. Dann schleiche ich mich auf leisen Sohlen in meine wunderbar warme Besenkammer (die ich per Zeitschaltuhr schon um

halb fünf einheize, ha!) und sage mir: Wenn das nicht das Glück ist, dann weiß ich's nicht. Dann muss ich mit dem Nachdenken über Glück noch mal ganz von vorn anfangen.
Seit ich mir dieses Miniparadies geschaffen habe, bin ich mit der Welt im Reinen. Oder, sagen wir, vielleicht nicht immer, aber doch immer öfter. Zur Zeit arbeite ich daran, diesen Besenkammer-Seelenfrieden, der sich üblicherweise nach der ersten Kanne Tee einstellt, möglichst lange durchzuhalten, aber das will noch nicht so recht klappen. Meistens hat mich nämlich spätestens um sieben, wenn unsere Kinder durchs Haus toben, der Alltag wieder.
Das Neueste ist, dass mein Mann mit seinen Söhnen jetzt schon des Morgens eine Runde *Erbsenkicker* spielt. Die Buben sind irgendwann, als sie lernten, mit Messer und Gabel zu essen, darauf gekommen, dass sich Erbsen, die bei uns ohnehin keiner so richtig mag, anderen, weitaus interessanteren Verwendungsarten zuführen lassen

als ihrem bloßen Verzehr. Seither haben sie mit den verschiedensten Hülsenfrüchten Testversuche angestellt, an denen sich auch ihr Erzeuger begeistert beteiligt. Unlängst hat er eines meiner besten Damasttücher grasgrün eingefärbt, an den Tisch getuckert und mit Klarlack besprüht. Seither gibt es kein Halten mehr. Zur Zeit sind die drei gerade dabei, mit meinen kostbaren bunten Bohnen, die ich für teures Geld im Bioladen kaufe, so eine Art Lochbillard zu entwickeln, und inzwischen gibt es auch eine zugegebenermaßen ziemlich raffinierte Version von Minigolf. Ich rechne schon damit, dass diese kreativen Genies demnächst auf die Idee kommen, Löcher in die Tischplatte zu sägen. Aber dann ist bei mir wirklich der Ofen aus.

7
Von Sahnetöpfen, Rosengärten und Borsdorfer Äpfeln

Dass ich seit einiger Zeit des Abends ganz allein in der Küche stehe und aufräume, interessiert sie jedenfalls nicht die Bohne. Nur unsere fünfjährige Maxie hält zu mir und tröstet mich, wenn sie hin und wieder einen meiner guten Teller fallen lässt – es ist dieses schöne *Rosegarden* von Villeroy & Boch, das es leider nicht mehr gibt. Viel ist davon ohnehin nicht mehr übrig.

Wenn man Kinder hat, geht nicht nur des öfteren das Geschirr, sondern mitunter auch die eine oder andere Illusion zu Bruch. Ein fast ständig geistesabwesender, weil mit höheren Dingen (wie zum Beispiel *Minigolfregeln*) beschäftigter Ehepartner ist da auch nicht unbedingt eine große

Hilfe. Aber da ist wahrscheinlich nichts zu machen und es ist wohl besser, darüber nicht allzu viel nachzudenken. „Denn wir können die Kinder *(und Ehemänner)* nach unserem Sinne nicht formen", hat jedenfalls Goethe einmal behauptet und damit – wie so oft – den Nagel ziemlich genau auf den Kopf getroffen. (Die erwähnten *Ehemänner* stammen allerdings von mir. Denn die hat der olle Joethe tunlichst außen vor gelassen, was wahrscheinlich daran liegt, dass er selbst so ein miserabler Ehemann gewesen sein soll, aber ich halte diesbezügliche Aussagen für übertrieben. Immerhin war er ein Genie und da gelten offensichtlich Sonderregeln.)
Dieser wunderbar tröstliche Satz von den Kindern steht übrigens in *Hermann und Dorothea*, und immer, wenn ich mit meinem Latein am Ende bin, was ziemlich oft vorkommt, souffliere ich ihn mir ganz einfach ein paar Mal halblaut zu. Das hilft fast immer. Und wenn's ganz knüppeldick kommt (wenn zum Beispiel wieder einmal

eine Steuerprüfung droht, siehe weiter unten), dann verziehe ich mich in meine Besenkammer, hole eine mit traumhaft schönen Holzstichen illustrierte Prachtausgabe aus dem späten neunzehnten Jahrhundert aus ihrem Versteck hervor und tauche ein wenig ab in die Idylle einer heilen Welt. Da ist diese Stelle, wo Hermann seiner Dorothea über eine ziemlich unwegige Stelle im Gebirg hinweghilft, und sie rührt mich stets zu Tränen. Denn dieser Hermann ist meinem Peter sehr ähnlich und dann denke ich an die Wadenwickel, die er mir einst angelegt hat und bin dankbar, dass ich's trotz allem doch ganz gut getroffen habe. Jedenfalls versucht er stets, mir über die unwegigen Stellen hinwegzuhelfen, wenn auch auf seine ganz eigene Art mit Klarlack und Klapphornversen:

Zwei Knaben gingen durch das Korn,
Der eine blies das Klappenhorn.
Er konnt es zwar nicht orntlich blasen,
Doch blies er's wenigstens einigermaßen ...

So ist das Leben eben. Man kann schon froh sein, wenn man einigermaßen hinkommt.

Unlängst ist übrigens wieder mal eines der letzten Teile meines schönen Geschirrs zerbrochen – ausgerechnet das Milchkännchen, das ich immer besonders rührend fand. Schuld daran ist Hubertus. Hubertus ist einer unserer beiden Kater. Er ist nicht mehr der Jüngste, ebenso wenig wie sein mutmaßlicher Vater Sahnepott, der auch zu unserer Familie gehört. Wir nehmen jedenfalls an, dass Sahnepott der Vater ist, denn beide haben diese weiße Schnute, mit der sie immer ein wenig so aussehen, als hätten sie gerade irgendwo einen Sahnepott ausgeleckt. In Fontanes erstem großen Roman *Vor dem Sturm* gibt es auch einen Kater namens Sahnepott und

vielleicht bestehen da verwandtschaftliche Bindungen, aber das lässt sich, fürchte ich, so genau nicht mehr feststellen.
Unser Sahnepott junior ist jedenfalls ein nicht mehr ganz jugendlicher, aber noch höchst vitaler Kater, der mit seinen knapp dreizehn Jahren nichts anbrennen lässt und mit jeder, aber auch wirklich *jeder* Mieze in der Nachbarschaft ein nicht nur platonisches Verhältnis pflegt. Weiß der Himmel, wie er das macht! Offensichtlich hat er ein Stelldichein nach dem anderen, und der für eine derartige Freizeitgestaltung nötige erhöhte Proteinbedarf ist vielleicht der Grund dafür, warum er es liebt, in unbeobachteten Momenten an dem einen oder anderen Molkereiprodukt zu naschen.
Leider weiß ich das erst seit kurzem, denn in der Regel ging er dabei sehr unauffällig vor. Offensichtlich stahl er sich immer nur ein oder zwei Scheiben Gouda vom Teller, wenn ich das Abendessen vorbereitete und zwischendurch

den Esszimmertisch deckte. Auch Butter und Sahnequark liebt er, vor allem aber den guten Philadelphiakäse. Den leckte er, bis ich der Sache endlich einen Riegel vorschob, ganz vorsichtig und sehr gleichmäßig oben ab und tat hernach so, als könne er kein Wässerchen trüben. Jahrelang habe ich gedacht, dass dieses Katzenzungenmuster auf dem Käse abfülltechnisch bedingt sei, bis ich unserem Kater eines Tages auf die Schliche kam. Ich erwischte ihn dabei, wie er versuchte, einen ganzen Brie zu stehlen – und so dumm, dass ich das nicht merken würde, bin selbst ich nicht. Im Nachhinein wurde mir natürlich auch so manch andere Verhaltensweise von ihm klar, die mir bis dahin immer ein Rätsel geblieben war. Ich hatte zum Beispiel nie so recht verstanden, warum Hubertus des Abends, nachdem ich ihm seine Brekkies gegeben hatte, immer noch so lange in der Küche herumhing, und ich dachte, dass ihm vielleicht an meiner Gesellschaft gelegen sei. Aber da habe ich mich

wohl getäuscht, wie so oft, wenn ich versuche, männliches Denken nachzuvollziehen ...
Seit dieser Philadelphiakäse-Geschichte bin ich jedenfalls vorsichtiger geworden. Ich setze Hubertus, nachdem er seine Brekkies bekommen hat, jetzt stets vor die Tür. Zum Nachtisch bekommt er noch ein Schälchen Sahnequark, damit er meinen guten Willen spürt, aber das ist auch wirklich das höchste der Gefühle. Unsere Maxie allerdings untergräbt meine Erziehungsmaßnahmen, indem sie Hubertus heimlich mit Vorderschinken füttert und mit Kondensmilch, die er ganz besonders liebt.
So ist denn auch das besagte Milchkännchen zu Bruch gegangen. Das gute Kind hat ihm eines schönen Nachmittags, als er etwas früher vom Liebesdienst zurückkehrte, das Kännchen hingestellt, aber leider nicht auf den „Katzentisch“, den Fußboden nämlich, sondern auf die Spüle, und damit war meines Sahnekännchens Schicksal besiegelt. Hubertus leckte es aus und schob es

dabei, wie das so Katzenart ist, vor sich her, bis es, wie sollte es auch anders sein, über den Rand der Spüle fiel und in tausend Scherben zerbrach. Ich habe geheult, als ich es sah. Leider kannte ich damals auch noch nicht jenes Gedicht, mit dem sich Wilhelm Busch – dies nur ganz nebenbei bemerkt – als exzellenter Frauenkenner geoutet hat.

So war's

Der Teetopf war so wunderschön,
Sie liebt ihn wie ihr Leben.
Sie hat ihm leider aus Versehn
Den Todesstoß gegeben.

Was sie für Kummer da empfand,
Nie wird sie es vergessen.
Sie hielt die Scherben aneinand
Und sprach: So hat's gesessen.

Vielleicht wundern Sie sich, dass eine schon seit einer ganzen Weile erwachsene Frau wegen eines Sahnepotts Tränen zu vergießen imstande ist, aber ich konnte einfach nicht anders. Dieser Sahnepott, das war – wie nennt es Paula immer? – sozusagen der Tropfen, der dem Fass den Boden ausschlug, und bevor ich's mich versah, war ich das Opfer eines dieser Rückfälle, von denen weiter oben die Rede gewesen ist.

Aber was soll man auch machen? „Shit happens", pflegt Paule Fürbaß, unser Klempner, zu sagen, und ich denke mal, er weiß, wovon er redet, denn er hat öfters als unsereins damit zu tun – *Shit* ist sozusagen sein täglich Brot.

Mit der Zeit lernt man zwar, damit fertig zu werden, aber manchmal setzt uns dieser *Shit* mehr zu als üblich. Vielleicht hängt das mit dem Mond zusammen oder dem Biorhythmus oder mit der Tagesform oder auch (wie in meinem Falle meistens) mit dem *Kontostand*. Jedenfalls war ich aus vielerlei Gründen so mit den Nerven fertig wie selten, und als ich diesen Scherbenhaufen sah, war es mit all meiner Haltung restlos vorbei. Außerdem wollte es ein ziemlich dummer Zufall, dass just in dem Augenblick, da ich die Küche betrat, eine CD von Lynn Anderson lief: *I Never Promised You a Rosegarden.* Mein Gott, so etwas kann einen schon fertig machen!

Denn leider haben wir Frauen nun mal diese für Männer oft verwirrende Neigung, in den Dingen, die uns begegnen, Zeichen zu erkennen oder Metaphern für das, was uns gerade zu schaffen macht. Für einen Mann ist ein zerbrochener Sahnepott, schätze ich mal, selten mehr als eben ein zerbrochener Sahnepott, aber für uns wird, wenn wir nicht sehr aufpassen, schnell ein Symbol daraus, vor allem dann, wenn die Nerven ohnehin schon bloßliegen. Kein Wunder, dass mir dieses „I Never Promised You a Rosegarden" dann noch den Rest gab. Unsere Maxie erklärte mir natürlich, dass sie in einem Akt christlicher Nächstenliebe gehandelt habe und sie versprach hoch und heilig, mir ein neues Kännchen zu besorgen, genau das gleiche. Dass es dieses feine Geschirr nicht mehr gibt, habe ich natürlich für mich behalten, denn unsere arme Maxie war schon zerknirscht genug. Auch habe ich ihr nicht verraten, dass ich es von meiner Großmutter zur Hochzeit geschenkt bekommen habe, damit ich den schönen Rosengarten meiner Christianssieler Kindheit nicht vergessen würde. Als ob ich den je vergessen könnte! Die Erinnerung an diese wunderschöne Kindheit, scheint mir manchmal, ist einer der wenigen Aktivposten in meinem ansonsten nicht gerade sehr spannenden Leben, und wenn's mir nicht gut geht, brauche ich weiter nichts zu tun, als in den Keller zu gehen, einen unserer Borsdorfer Äpfel aus dem Regal zu nehmen und nur daran zu riechen. Dann steht das Bild meiner fabelhaften Großeltern so deutlich vor meiner Seele, dass es fast wehtut.

„Unter den Menschen und Borsdorfer Äpfeln sind nicht die glatten die besten, sondern die rauen mit einigen Warzen“, pflegte mein Großvater den Dichter Jean Paul zu zitieren, und das ist auch der Grund, warum ich in unserem Garten unbedingt einen solchen Borsdorfer Apfel pflanzen musste. Ich habe lange gebraucht, bis ich in einer Delfter Baumschule endlich einen fand, und noch lässt dieser Baum nicht mehr als vier, fünf Äpfel reifen – aber ihr wunderbarer Duft reicht aus, um die Erinnerung an das Glück, in Christianssiel Kind gewesen sein zu dürfen, wachzuhalten …

Meistens schauen mich meine Großeltern etwas besorgt an und finden, dass ich zu dünn bin, aber das ist nichts Neues. Ich bin *weiß Gott* nicht zu dünn, das können Sie mir ruhig glauben, sondern eher das, was mein Mann als „pleasantly plump“ zu bezeichnen liebt – das ist wohl so die Art von Kompliment, die man bei meinem Hüftumfang und meinem Erdnussbutterverbrauch (siehe unten) noch zu erwarten hat, und ich versuche schon seit einer ganzen Weile, mich darüber zu freuen, weil man ja doch immer mit dem zufrieden sein soll, was man hat. Aber noch lehne ich mich auf, greife nach den Sternen und bin ständig auf irgendeiner Diät, doch das ist ein Geheimnis, das ich tunlichst für mich behalte. Meine Großeltern machen sich Sorgen, das ist immer deutlich zu erkennen, auch wenn sie nicht allzu viel sagen.

Ich plaudere, um sie abzulenken, zwar immer ein wenig mit ihnen über Gott und die Welt und wie's da oben so ist, aber nach einer Weile pflege ich mit der Sprache herauszurücken und ihnen zu erzählen, was mich zur Zeit gerade bedrückt. Es ist also alles ganz wie in alten Zeiten. Hat sich kaum etwas geändert.

Ich habe da unten im Apfelkeller einen alten Christianssieler Melkschemel stehen, auf den ich mich ganz einfach zehn Minuten lang hinhocke, und diese zehn Minuten reichen meistens aus, um die schlimmsten Flurschäden, die der Alltag so anrichtet, zumindest notdürftig zu beheben. Danach tauche ich verjüngt und federnden Schrittes mit einem Glas Gurken wieder auf und blicke dem Schicksal trotzig ins Antlitz – *wenn die eigenen Großeltern den Schutzengel machen, kann einen ja wohl nicht allzu viel anfechten, oder?* Und außerdem habe ich ja noch Hesse und seine *Stufen*, die ähnlich wirken, was soll einem da noch passieren?

Leider hält das, was ich wegen der oben genannten Äpfel den *Borsdorfer Effekt* nenne, nie sehr lange vor – denn wenn man heutzutage eine kleine Provinzbuchhandlung durchbringen will, muss man schon sehr früh aufstehen. Und Nerven haben wie Drahtseile.

Seit ein paar Jahren sinkt mir das Herz schon in die Hose, wenn ich nur Kontoauszüge oder Briefe vom Finanzamt aufmache, und seit der Euro da ist, scheint alles noch viel schwieriger geworden zu sein. Manchmal, muss ich Ihnen sagen, packt mich die schiere Panik: So viele Menschen verlassen sich auf mich, verlassen sich darauf, dass ich das schon schaffen werde. Und was ist, wenn ich eines Tages das Klassenziel nicht erreiche? („Setzen! Fünf!“) In der Schule darf man ja noch wenigstens eine Ehrenrunde drehen, notfalls auch zwei, aber damit hat sich das inzwischen auch. Ehe man sich's versieht, haben einen die Banken schon rausgeworfen und dann heißt es, *gute Nacht, Marie!*

Es hilft, wenn ich über diese Dinge nachdenke, nicht gerade, dass ich ausgerechnet Marie heiße, auch wenn mich jeder Mariechen nennt. Das mag vielleicht Zufall sein, aber dieser ominöse Satz „Gute Nacht, Marie“ lässt mich zuweilen des Nachts nicht schlafen und dann geistere ich ein paar Stunden im Haus herum, trinke zwei, drei Tassen von dem wunderbaren *Sidroga Schlaf- und Nerventee*, den es in der Apotheke gibt. Dann knabbere ich mich durch ein Paket Vollwertkekse oder was sich sonst so in der Speisekammer finden lässt, worin der aufmerksame Leser unschwer den Grund für oben erwähnten Hüftumfang erkennen wird: Ist alles Kummerspeck. Wenn's ganz schlimm kommt, hole ich mir ein Glas Erdnussbutter und löffle ein wenig darin herum – und das ist nun wirklich ganz fatal. Meine Garderobe, scheint mir manchmal, kann ich demnächst in der Camping-Abteilung bei Hertie kaufen, wo es diese handlichen Zweipersonenzelte gibt. Die brauche ich nur mit ein paar Löchern für die Ärmel zu versehen – und fertig ist die Laube. Natürlich denken Sie, dass ich jetzt übertreibe, und vielleicht haben Sie damit auch ein kleines bisschen Recht. Aber irgendwas muss schon dran sein: Wenn ich meinen Peter frage, ob er mich zu dick findet, schaut er mich inzwischen mit diesem vorsichtigen Blick an, den Leute haben, die genau wissen, dass sie sich auf dünnes Eis begeben, und dann sagt er – nach einer leider viel zu langen Pause: „Aber nicht doch, Liebling, ich habe noch nie was mit dünnen Frauen anfangen können."

Ich löse das Problem inzwischen, indem ich mich nicht mehr auf die Waage stelle. Denn ich habe einfach keine Lust mehr, mich schon am Morgen über mich selber zu ärgern.

Leider klappt dieses Anti-Ärger-Programm noch nicht so richtig, wenn es um Finanzen geht. In schlaflosen Nächten hadere ich immer noch mit dem Schicksal, was dem Schicksal zweifellos mächtig auf den Senkel geht. Es kann nämlich im Grunde nichts dafür, es tut nur seinen Job, schätze ich mal. Und doch, sagen Sie selbst, es kann doch nicht sein, dass man Jahre, ja fast jahrzehntelang immer nur gearbeitet hat! Irgendwann müssen die Dinge doch einmal leichter werden, sagt man sich, wäre ja auch logisch. Aber den Gefallen tun einem die Dinge nicht, sie pfeifen auf alle Logik und scheinen sich stattdessen geradezu einen Sport daraus zu machen, uns weiter zuzusetzen. Auf dass wir ja nicht übermütig werden.

Am schlimmsten sind derlei Existenzängste morgens zwischen drei und fünf zu ertragen. Dann ist alles so zappenduster, dass einen die schiere Verzweiflung anfällt, doch sobald die Sonne aufgeht, hat man erfahrungsgemäß das Schlimmste hinter sich. Und wenn der helle Tag erst einmal da ist, stellt man in der Regel fest, dass einem all die Dinge, die eben noch unüberwindbar schienen, nicht viel mehr Angst machen können als diese Pappmaché-Monster einer Geisterbahn um zwölf Uhr mittags.

Leider vergisst man das immer wieder, wenn man des Nachts schweißgebadet aufwacht und einmal mehr denselben Ängsten anheimfällt. Meist versuche ich zu lesen, vorzugsweise irgend so einen Schmachtfetzen in der vagen Hoffnung, dass mir darüber die Augen zufallen, aber das klappt nie so richtig. Mein Sohn hat mir unlängst ein paar seiner alten Asterixhefte ausgeliehen, als ihm schwante, dass ich gerade nicht allzu viel zu lachen habe. Aber leider waren seine

Samariterdienste ganz und gar vergebens, denn in diesen Asterixheften tauchen immerzu *Galeerensträflinge* auf – und das, ich kann Ihnen sagen, macht mich total kirre. Das Ende vom Lied war, dass ich schreckliche Alpträume hatte, in denen ich mich bei sengender Hitze an ein Ruder gekettet sah, während mein Kreditsachbearbeiter ganz vorn die Peitsche schwang und immerzu *„davai, davai"* brüllte.

Obwohl *davai, davai*, glaube ich, russisch ist und so viel heißt wie „vorwärts, vorwärts, ihr faulen Säcke" oder so ähnlich. Man mag natürlich einwenden, dass ein Galeerenaufseher damals wohl kaum Russisch gesprochen haben dürfte.

Aber so logisch sind Träume bekanntlich nicht. Irgendwas muss ich da verwechselt haben – wie komme ich nur auf dieses *davai*? Ich war mein Lebtag nicht in Russland, aber vielleicht ist es ja diese Babuschka, die mein Großvater mir einst von einer seiner Moskaureisen mitbrachte. Sie steht dort, wo ich ihr aufmunterndes Lächeln am nötigsten habe, auf meinem Frisiertisch nämlich, gleich neben all den Creme- und Farbtöpfchen, mit denen ich dem Zahn der Zeit die Stirn zu bieten versuche, allerdings mit sehr mäßigem Erfolg. Wenn meine Babuschka *davai, davai* sagt, klingt es fast wie „mach dir nichts draus – sieh nach vorn und vergiss alles Vergangene". Das ist eigentlich ein ziemlich guter Rat. Noch besser wäre er allerdings, wenn er sich leichter verwirklichen ließe.

Wer weiß, vielleicht hat es so ein Galeerensträfling ja nur deswegen so schwer, weil er beim Rudern in die falsche Richtung sieht, *nach hinten nämlich*. Sich andersrum setzen darf er aber auch nicht – es ist bei Gott nicht einfach, sich von den Sachzwängen zu befreien, denen man nun mal ausgesetzt ist. Einstweilen, schätze ich mal, bleibt uns wohl nichts anderes übrig, als gute Miene zum bösen Spiel zu machen und uns weiter in die Riemen zu legen. Aber es schadet nicht, wenn man beim Rudern ein wenig träumt und

wenigstens darüber *nachdenkt*, was wäre, wenn wir uns die Dinge aussuchen könnten.
Wirklich arm dran ist nur, wer nicht mehr träumen kann. Denn selbst, wenn sich einmal die Gelegenheit ergeben sollte, das Ruder herumzureißen – der Betreffende würde es nicht einmal *merken* und einfach so weitermachen wie bisher.
So wie der Tiger im Wuppertaler Zoo, den man kürzlich einzusperren vergaß. Der Wärter hatte seinen Käfig sperrangelweit aufgelassen – und was macht das Tier? Statt auszubrechen und sich gefälligst wie ein Tiger zu benehmen, bleibt es ganz ruhig liegen und wartet geduldig auf sein Abendessen ...

Im Käfig

Hinter den dicken Stäben meiner Ideale
lauf ich von einer Wand zur anderen Wand.
Da draußen gehen Kindermädchen, Generale,
Frau Lederhändlerswitwe mit dem Herrn Amant ...

Manchmal sieht einer her. Mit leeren Blicken:
Ah so! Ein Tiger – ja das arme Tier ...
Dann sprechen sie von „Tantchen auch was schicken
in Pergamentpapier".

Ich möcht so gern hinaus. Ich streck und dehn mich –
die haben's gut mit ihrer großen Zeit!
Sie sind gewiß nicht rein, und doch: ich sehn mich
nach der Gemeinsamkeit.

Der Tiger gähnt. Er käm so gern geloffen ...
Doch seines Käfigs Stäbe halten dicht.
Und ließ der Wärter selbst die Türe offen:
Man geht ja nicht.

Kurt Tucholsky

8
Schlaflose Nächte mit Eichendorff

Also ich würde, das schwör ich Ihnen, nicht *gehen*, wenn der Käfig einmal offenstünde, ich würde *fliegen*! Ja, ganz bestimmt! Vielleicht würde ich meinen Lieben zuerst noch ein bisschen was zu essen vorkochen und nochmal alle Vorratsschränke so richtig auffüllen, auch ein wenig aufräumen, ein paar T-Shirts bügeln, hier und da noch ein Loch im Socken stopfen, die Pflanzen ordentlich gießen, den Abfall entsorgen und das Altpapier, die Flaschen zum Container fahren und schauen, ob die Vesperdosen der Kinder gut gefüllt sind ...

Während ich so vor mich hinträume und mir auszumalen versuche, was ich täte, wenn ich könnte, wie ich wollte, um irgendwann festzustellen, dass ich dem Tiger in Kurt Tucholskys Versen doch ähnlicher bin, als ich mir das eingestehen will, werde ich trotz nachtschlafender

Zeit ganz kribbelig. Mein Schäfer, von dem ich Ihnen ganz am Anfang schon erzählt habe, lässt sich in dieser Nacht seltsamerweise auch nicht blicken, um mir ein paar seiner beruhigenden Weisheiten ins Ohr zu flüstern. Und unsere beiden Cockerspaniels, die Sie auch noch näher kennen lernen werden, schlafen schon so tief und fest, dass ich es nicht übers Herz bringe, sie zu wecken, um mit ihnen noch eine Runde durchs mittelfränkische Unterholz zu drehen. Also doch noch eine Tasse Sidroga Schlaf- und Nerventee ... Oder – dass ich da nicht schon Stunden zuvor draufgekommen bin! – vielleicht eines jener wunderbaren Gedichte an die Nacht, von denen es im Deutschen mehr als in jeder anderen Sprache zu geben scheint.

Mondnacht

Es war, als hätt der Himmel
Die Erde still geküßt,
Daß sie im Mondenschimmer
Von ihm nun träumen müßt.

Die Luft ging durch die Felder,
Die Ähren wogten sacht,
Es rauschten leis die Wälder,
So sternklar war die Nacht.

Und meine Seele spannte
Weit ihre Flügel aus,
Flog durch die stillen Lande,
Als flöge sie nach Haus.

Joseph Freiherr von Eichendorff

Ist es nicht wunderschön, dieses Gedicht von Eichendorff, so schön, dass es fast schon weh tut? Da kann ich dermaßen ins Schwärmen geraten, dass mein pubertierender Sohn, würde er mich dabei erwischen, nur cool die Augen verdrehen würde mit so einem „Jetzt-hat-sie-nicht-mehr-alle“-Blick. Also genieße ich dergleichen lieber allein im stillen Kämmerlein. Vermutlich ist es einfach so, dass man schon mindestens vierzig sein und ein paar schlaflose Nächte hinter sich haben muss, bevor man den Trost entdeckt und zu würdigen weiß, den solche Gedichte einem zusprechen können. Aber was weiß man in der Sekundarstufe – also dann, wenn man mit der Interpretation von Eichendorff und anderen Romantikern gequält wird – schon vom richtigen Leben? Kein Wunder, dass sich Sechzehnjährige das Lachen kaum verbeißen können, wenn sie über Clemens Brentanos *Lureley* zu schreiben haben! In keiner anderen mir bekannten Sprache ist solch wunderbare Lautmalerei möglich:

Singet leise, leise, leise,
Singt ein flüsternd Wiegenlied,
Von dem Monde lernt die Weise,
Der so still am Himmel zieht.

Denn es schlummern in dem Rheine
Jetzt die lieben Kindlein klein,
Ameleya wacht alleine
Weinend in dem Mondenschein.

Singt ein Lied so süß gelinde,
Wie die Quellen auf den Kieseln,
Wie die Bienen um die Linde
Summen, murmeln, flüstern, rieseln.

Wäre ich Kultusministerin, würde ich zusehen, dass all die Kostbarkeiten kurzerhand vom Lehrplan gestrichen würden. Aber leider bin ich keine Kultusministerin, und die Chancen, dass ich noch eine werde, stehen ziemlich schlecht, fürchte ich. So werden in den Schulen denn auch weiterhin die Perlen unserer Literatur vor den pubertierenden Nachwuchs geworfen, so dass er, so er einmal erwachsen wird, ein Gedicht von Brentano oder Arnim nicht einmal mit der *Kohlenzange* anfassen wird. Und das ist ziemlich traurig. Weil man Gedichte vor allem dann gut gebrauchen kann, wenn die ersten Illusionen den Bach runtergegangen sind.

Ähnliches hat übrigens Victor Auburtin, ein inzwischen leider ganz in Vergessenheit geratener Feuilletonist, schon in den Zwanzigern beobachtet. Und der Text, den ich unlängst an einer meiner Pinnwände wiederfand, ist so hübsch, dass ich ihn Ihnen hier nicht vorenthalten will:

Schulreform

Dieser Tage habe ich wieder einmal *Hermann und Dorothea* vorgenommen, um es zu lesen. Ich kam auf den Einfall nicht etwa aus dem inneren Bedürfnis heraus, weil ich *Hermann und Dorothea* lesen mußte, sondern die Sache hing so zusammen: Ich ziehe wieder mal um, und da ist beim Einpacken der Band *Hermann und Dorothea* als letzter liegengeblieben. So habe ich das alte Buch vorgenommen und bis zum vierten Gesang gelesen.

Weiter bin ich nicht gekommen, obgleich es ein kluges und sommersonniges Werk ist. Und zwar bin ich deswegen nicht weitergekommen, weil ich während des Lesens immer an den Oberlehrer Petzel denken mußte, bei dem wir damals in der Sekunda Hermann und Dorothea durchgearbeitet haben. Der Oberlehrer Petzel aber hatte die pädagogische Methode, daß er uns bei jedem Wort anhalten und es definieren ließ. Was Leinwand ist, und woher das Wort Klavier stammt, das mußte alles erörtert werden.

Außerdem habe ich einen deutschen Aufsatz über *Hermann und Dorothea* schreiben müssen, dessen Titel war:

„Hermann, ein deutscher Jüngling mit seinen Tugenden und Fehlern“. Deshalb kann ich das Buch nun nicht mehr lesen. Ebenso wie kein erwachsener Mensch ins Theater geht, wenn die *Jungfrau von Orleans* gespielt wird.

Denn es ist ein Gesetz, daß alles, was wir in der Schule lesen und lernen, uns verekelt wird fürs ganze Leben.

Mein Reformvorschlag geht also dahin: Man gebe der reiferen Jugend als Schullektüre die Werke der Dichterin Courths-Mahler. Man lasse die Schüler einen Aufsatz schreiben über das Thema: „Wie entwickelt Hedwig Courths-Mahler in ihrem Roman *Die schöne Unbekannte* die Seelenkämpfe des Helden Egon von Hohenzinken?”

Wie mit einem Zauberschlage würden die klassischen Studien in Deutschland wieder aufblühen. Jede Leihbibliothek ist gezwungen, sich fünfzig Exemplare von Klopstocks *Messias* zu halten.

Victor Auburtin

Wo war ich nochmal stehengeblieben? Ach ja, Eichendorff, durchwachte Nächte und die vielen schönen Nachtgedichte, die es im Deutschen gibt. Das hängt vielleicht auch damit zusammen, dass wir Deutsche eher als unsere Nachbarn ein wenig zur Melancholie neigen und zu tiefen Blicken (das scheint geradezu zu unseren Stammeseigenschaften zu gehören). Aber Schlaflosigkeit kann manchmal auch ganz andere Gründe haben, wie in diesem Gedicht von Arnim, das mir Peter einst verehrte, als wir uns noch nicht allzu lange kannten:

Mir ist zu licht zum Schlafen

Mir ist zu licht zum Schlafen,
Der Tag bricht in die Nacht,
Die Seele ruht im Hafen,
Ich bin so froh verwacht!

Ich hauchte meine Seele
Im ersten Kusse aus,
Was ist's, daß ich mich quäle,
Ob sie auch fand ein Haus!

Sie hat es wohl gefunden,
Auf ihren Lippen schön,
O welche sel'ge Stunden,
Wie ist mir so geschehn!

Was soll ich nun noch sehen,
Ach alles ist in ihr,
Was fühlen, was erflehen,
Es ward ja alles mir.

Ich habe was zu sinnen,
Ich hab', was mich beglückt;
In allen meinen Sinnen
Bin ich von ihr entzückt.

Achim von Arnim

Da wird mir gleich so warm ums Herz, wenn ich daran denke, dass ich den Ofen in meiner Besenkammer ausschalten kann. Doch eigentlich wollte ich Ihnen noch einige von meinen Pinnwandgeschichten erzählen.

An besagter Pinnwand (die inzwischen über meinem Schreibtisch hier in der Besenkammer hängt) sind neben jeder Menge Cartoons und Schüttelreimen ein paar Weisheiten zu finden, deren tieferer Sinn sich mir auch nach längerer Überlegung nicht erschließen will, was zweifellos daran liegt, dass sie aller Wahrscheinlichkeit nach keinen haben. Manchmal, wenn ich irgendetwas suche, fällt mir unvermittelt noch etwas ganz anderes in die Hände, wonach ich gar nicht gesucht hatte, zumindest nicht bewusst, was aber ganz genau zu meiner momentanen seelischen Verfassung passt. Das ist fast immer so.

Es ist noch nicht allzu lange her, da hatte mich wieder einmal der oben erwähnte Galeerenaufseher beim Wickel, was bei mir ständig die übelsten Migräneattacken auslöst. An einem solchen "Koppweihdag" wollte ich schon zu Schmerztabletten greifen, als mein Blick scheinbar ganz zufällig auf ein Zitat von Sigmund Freud fiel: „Man gewöhnt sich allmählich an eine neue Einsicht in das Wesen des Glückes", stand da zu lesen. *„Glück ist dann anzunehmen, wenn das Schicksal nicht all seine Drohungen gleich verwirklicht."*

Das ist auch so einer von diesen Sätzen, die es in sich haben. Ich weiß nicht mehr genau, wann ich dieses Zitat niedergeschrieben habe, aber, ob Sie es nun glauben oder nicht, meine Kopfschmerzen waren plötzlich wie weggeblasen, als mir die Erkenntnis dämmerte, dass ich mich trotz allem ziemlich glücklich schätzen kann. Könnte nämlich alles viel schlimmer sein. Ist wie mit dem klapphornblasenden Knaben – man kann froh sein, wenn man's so einigermaßen hinkriegt.

Das Beispiel lehrt, dass wir ohne Literatur ziemlich aufgeschmissen wären. Was machten wir nur ohne den Trost der Bücher? Ohne den Trost dessen, was andere einmal gedacht und *Gott sei Dank* für uns niedergeschrieben haben, auf dass nicht jeder wieder bei Adam und Eva mit dem Denken anfangen muss. (Zumal Adam und Eva ohnehin einen schlechten Start für alles Nachdenken über die Kunst, das Glück festzuhalten, abgeben, aber das sei hier nur so nebenbei erwähnt.)
Was machten wir nur, wenn es solche Sätze wie zum Beispiel „Es ist, wie es ist" nicht gäbe? Oder auch Erich Kästners „Etwas fehlt immer"? Etwa zur selben Zeit gelangte Tucholsky übrigens zu einer ganz ähnlichen Erkenntnis – denn Erkenntnisse liegen, wie die Erfahrung lehrt, oft in der Luft, sodass es nicht verwundert, wenn zwei geniale Feuerköpfe unabhängig voneinander darauf kommen: „Etwas ist immer", sagt Tucholsky. Das sind nicht mehr als drei Worte – und doch liegt darin das Geheimnis aller

Lebenskunst: „Etwas fehlt immer!" – „Tröste dich, jedes Glück hat einen kleinen Stich". Meiner Besenkammer fehlt zum Beispiel das Sofa. Und zu meinem vollständigen Glück fehlt eigentlich nur noch ein ausgeglichener Kontostand ... Aber was nicht ist, das ist eben nicht.

Man stelle sich vor, wir müssten all diese Zusammenhänge, die andere so elegant in Worte gefasst haben, selber entdecken, jeder auf eigene Faust und Rechnung. Dann wären wir ziemlich arm dran, weil wir ewig brauchen würden, um darauf zu kommen, dass aller Wahrscheinlichkeit nach das Äußerste, was drin ist, nur so eine Art *Besenkammer-Glück* ist.

Das Ideal

Ja, das möchste:
Eine Villa im Grünen mit großer Terrasse,
vorn die Ostsee, hinten die Friedrichstraße;
mit schöner Aussicht, ländlich-mondän,
vom Badezimmer ist die Zugspitze zu sehn –
aber abends zum Kino hast dus nicht weit.

Das Ganze schlicht, voller Bescheidenheit:

Neun Zimmer, – nein doch lieber zehn!
Ein Dachgarten, wo die Eichen drauf stehn,
Radio, Zentralheizung, Vakuum,
eine Dienerschaft, gut angezogen und stumm,
eine süße Frau voller Rasse und Verve –
(und eine fürs Wochenend, zur Reserve) –,
eine Bibliothek und drumherum
Einsamkeit und Hummelgesumm.

Im Stall: Zwei Ponies, vier Vollbluthengste,
acht Autos, Motorrad – alles lenkste
natürlich selber – das wär ja gelacht!
Und zwischendurch gehst du auf Hochwildjagd.

Ja, das hab ich ganz vergessen:
Prima Küche – erstes Essen –
alte Weine aus schönem Pokal –
und egalweg bleibst du dünn wie ein Aal.
Und Geld. Und an Schmuck eine richtige Portion.
Und noch ne Million und noch ne Million.
Und Reisen. Und fröhliche Lebensbuntheit.
Und famose Kinder. Und ewige Gesundheit.

Ja, das möchste:

Aber, wie das so ist hienieden:
Manchmal scheints so, als sei es beschieden
nur pöapö, das irdische Glück.

Immer fehlt dir irgendein Stück.
Hast du Geld, dann hast du nicht Käten;
Hast du die Frau, dann fehlen die Moneten –
Hast du die Geisha, dann stört dich der Fächer:
Bald fehlt uns der Wein, bald fehlt uns der Becher.

Etwas ist immer.

Tröste dich

Jedes Glück hat einen kleinen Stich.
Wir möchten so viel: Haben. Sein. Und gelten.
Dass einer alles hat:

das ist selten.

Kurt Tucholsky

9
Schnigula schnagula schnaguleia lü

Irgendwo hat Tucholsky auch einmal gesagt, dass es reines Glück ebenso wenig gebe wie hundertprozentigen Alkohol – ich weiß nur nicht mehr so genau, wo das war. (Ich erinnere mich dunkel, dass es in einem Buch über Gedächtnistraining stand, aber fragen Sie mich jetzt um Himmels Willen nicht, wo ich das wieder hingelegt habe.)
Apropos Alkohol: An meiner Pinnwand hängen natürlich noch ganz andere Dinger, die ich eher aus einer Schnapslaune heraus dort aufgespießt habe:

Hässlichkeit entstellet immer
Selbst das schönste Frauenzimmer.

Was für eine profunde Weisheit, deren Wahrheitsgehalt sich kaum von der Hand weisen lässt, vor allem dann nicht, wenn man, wie ich, zehn Zentimeter zu kurz geraten ist für sein Gewicht.

Auch die eine oder andere Bauernregel, auf deren Gültigkeit man sich stets verlassen kann, ziert diesen Tempel der Weisheit in meiner Besenkammer:

Schmerzt zu Jakobi dich das Bein,
So wird's das rechte oder linke sein.

Das ist doch wenigstens mal etwas Handfestes, woran man sich wirklich halten kann, wenn schon sonst nichts mehr gilt.

In friedlicher Eintracht mit Spontisprüchen und anderem durchaus Bedenkenswertem – wie et-

wa Leberreimen auf Bierdeckeln – hängen dort lauter Zettel mit Gedichten von Ringelnatz und Co. und vielen anderen Meistern der kleinen Form. Jeden dieser Zettel, die da jetzt an meiner Pinnwand hängen, habe ich übrigens wochenlang mit mir herumgetragen. Und immer, wenn ich irgendwo Schlange stehen muss oder im Stau hänge, brauche ich nur meinen Spickzettel hervorzuholen und dem Text ganz einfach zu lauschen. Mit der Zeit hat man diese Gedichte natürlich auswendig drauf, was äußerst praktisch ist, weil man dann stets etwas Passendes bei der Hand hat, so man mal dringend etwas braucht. Joachim Ringelnatz zum Beispiel kommt immer gut an und auch Heinz Erhardt („Frau Wirtin hatte einen Tänza/den kriegte, ach, die Influenza/in ihre bösen Fänge ...")
Auch Morgenstern hört jeder gern. Überhaupt habe ich zu Christian Morgenstern eine ganz besondere Beziehung – weil ich nämlich ausgerechnet durch seine Verse von *Igel und Agel* mei-

nen Mann Peter kennen gelernt habe – das ist der bereits mehrfach erwähnte Klarlacksprüher – und das kam so:

Dieses Igelgedicht hatte ich schon seit mehreren Tagen in meiner Jeans stecken, als ich in München in einen Stau geriet. Es bewegte sich nichts, aber auch wirklich gar nichts mehr. Also holte ich meinen Morgenstern raus (im Nachhinein bin ich froh, dass ich damals nicht gerade irgendwelche *Wirtinnenverse* nach dem obenstehenden Strickmuster dabei hatte) und begann dieses *Schnigula, schnagula, schnaguleia lü* zu rezitieren. Offensichtlich muss mein Vortrag sehr lebendig ausgesehen haben, denn plötzlich tauchte neben mir ein Autofahrer auf, den meine allzu lebhafte Mimik (im Verein mit meiner immer etwas theatralischen Gestik) offensichtlich sehr amüsierte. Mir war das Ganze zwar eher peinlich und ich verstummte, doch sobald ich diesen lästigen Menschen abgehängt hatte, fing ich wieder von vorne an:

Ein Igel saß auf einem Stein
und blies auf einem Stachel sein.
Schalmeiala, schalmeialü!
Da kam sein Feinslieb Agel
und tat ihm schnigel schnagel
zu seinen Melodein.
Schnigula schnagula
schnaguleia lü.

Fragen Sie mich nicht, wie dieser Autofahrer mich später ausfindig machte, das ist schon wieder eine ganz eigene Geschichte. Tatsache ist jedenfalls, dass der Klarlacksprüher mir bald sehr heftig *schnigel schnagel* zu meinen Melodein tat, was ich allerdings zunächst nur sehr ungnädig aufnahm. Außerdem hatte ich für ein weiteres Feinslieb und dieses ewige Geschnigel nun wirklich keine Zeit. Doch, wie es so schön heißt, steter Tropfen höhlt den Stein, und was soll ich sagen, es kam dann, wie es kommen musste.

Es folgte die eingangs näher beschriebene Episode mit den Wadenwickeln und den vierundzwanzig roten Rosen ... Jedenfalls sagte ich ja, als er mich fragte, ob er mir weiterhin Wadenwickel anlegen dürfe, was er mit einem Grinsen und einem „Good answer!" quittierte. (Er ist Amerikaner, müssen Sie wissen, aber das haben Sie vielleicht inzwischen schon selbst herausgefunden.) Jeden Tag brachte mir mein neues Feinslieb eine rote Rose mit und ein Gedicht, das mehr über seinen Seelenzustand preisgab als er selbst. Denn Peter sagt nicht allzu viel, was sich gut trifft, da es, wie unser guter alter Dorfschullehrer es einmal ausdrückte, irgendwo in meiner Ahnentafel einen *Wasserfall* gegeben haben muss.

Und zwei Wasserfälle in der Familie sind eindeutig zu viel. Aber dankenswerterweise hat das Leben manchmal diese Neigung, das eine oder andere Handicap auszugleichen und einem nervösen Hemd wie mir zum Beispiel eine

starke Schulter zum Anlehnen übern Weg zu schicken. So unfreundlich, wie man oft denkt, ist das Schicksal nämlich gar nicht.
Wenn ich zuweilen vor lauter Arbeit in Verzweiflung zu versinken drohe, dann lasse ich ganz einfach alles stehen und liegen, gieße mir einen wirklich großen Pott ostfriesische Mischung auf, lege einen Borsdorfer Apfel auf den Tisch (siehe oben) und schreibe auf ein DIN-A4-Blatt, das ich zuvor einmal der Länge nach gefaltet habe, *all die Dinge, die mich nachts nicht schlafen lassen:* Die kommen auf die linke Seite des Bogens, die ich meistens mit einer kleinen Galeere am oberen Rand verziere. Und wenn's ganz schlimm ist, zeichne ich unten noch ein peitschenschwingendes Männlein dazu. Dann male ich auf die rechte Seite erst einmal ein Herz und schreibe darunter, was es an Gutem in meinem Leben gibt. Nach einer weiteren Kanne Tee sitze ich dann verwundert vor einer beeindruckenden Liste, auf der nicht nur meine Besenkam-

mer, sondern sogar der Pass steht, der mich als deutsche Staatsbürgerin ausweist, und das nicht etwa, weil ich so eine besonders gute Patriotin wäre (zu meinen Auswanderungsplänen wegen irrsinniger Steuergesetze siehe weiter unten), sondern weil es bei Licht besehen nicht selbstverständlich ist, dass ich in einem relativ sicheren Land lebe. Und zum Zahnarzt gehen kann, wenn die Backe schmerzt.

Ganz oben auf meiner Liste steht neben unseren Kindern natürlich der bereits mehrfach erwähnte Wadenwickler. Auch die Gedichte, die er mir immer noch schenkt und die uns als eine Art Geheimsprache dienen, sind dort aufgeführt: Sie sind ein nicht ganz unwesentlicher Posten auf der Habenseite meines Lebens …

Manchmal bekomme ich übrigens einen hausgemachten Vierzeiler von ihm verehrt. Das sind wunderbare Reimereien von rauer Schönheit, die sich Peter gern am Abend ausdenkt und die umso besser werden, je mehr Côtes du Rhône

durch seine Adern fließt. An manchen Gedichten lässt sich noch heute ganz eindeutig der Promillegehalt ablesen.
Manchmal, wenn ich tiefschürfenden Gedanken nachhänge über Gott und die Welt, das Leben und die Liebe und was sonst noch zählt, komme ich darauf, dass ohne Literatur mein Leben ganz und gar anders verlaufen wäre. Wenn ich damals dieses Morgenstern-Gedicht nicht dabei gehabt hätte, hätte mich Peter nie bemerkt. Ich hätte, nicht auszudenken, vielleicht in der Nase gebohrt, als er in seinem rostigen Golf an mir vorbeizog, und dann hätte er sich sicher nicht meine Autonummer aufgeschrieben und jede Menge mehr oder weniger illegaler Tricks angewendet, um meine Nymphenburger Adresse ausfindig zu machen. All diese Gedichte, die er mir schrieb, es gäbe sie nicht, es gäbe auch Johannes nicht und Christian und Maxie. Und sehr wahrscheinlich gäbe es auch die Bücher, die ich schreibe, nicht. Jedenfalls nicht in

der Form. Vielleicht wäre ich immer noch die Perfektionistin, die ich früher einmal zu sein versuchte, und würde Bücher mit Haushaltstipps schreiben und mich voller Wollust darüber auslassen, wie man Kugelschreiber, Rotwein- oder Eigelbflecken wieder aus den Klamotten rauskriegt. Ich bringe diese Flecken übrigens auch ganz problemlos weg, ohne jemals ein Buch darüber gelesen zu haben, indem ich nämlich alles ganz einfach in der Reinigung abgebe oder bei meiner Schwiegermutter Perpetua, die beneidenswerterweise alle einschlägigen Tricks aus dem *Effeff* beherrscht. Und notfalls, wenn Perpetua wieder mal in Amerika bei einem ihrer anderen Söhne Flecken rausmacht, ist da immer noch unser Friedchen. Friedchen ist eine völlig unverheiratete Tante von mir, und als ehemalige Hauswirtschaftslehrerin hat sie ebenso wie meine vortreffliche Schwiegermutter sämtliche diesbezüglichen Kniffe drauf. Auch weiß sie, wie man Flecken von der Seele entfernt. Mit

schwarzem Tee nämlich. Kannenweise schwarzem Tee, und wenn's wirklich knüppeldicke kommt mit dem oben erwähnten Schlaf- und Nerventee. Den Tipp habe ich auch von Tante Friedchen. Seit Jahrzehnten verschenkt sie diesen Tee an liebe Zeitgenossen. Doch zurück zu Morgenstern. Wenn er nicht gewesen wäre, dann hätte mich vielleicht auch der „Bach zum Weiher fortgeschwemmt, Wigula wagula, waguleia wü, tü, tü ..." Möglicherweise hätte ich damals diesen amerikanischen Millionärssohn geheiratet, der mir ebenso heftig den Hof machte wie Peter wenig später. Gary hatte sogar schon den Ring besorgt, einen hochkarätigen, zirka fünf Kilo schweren Klunker, und dann musste ihm ausgerechnet der Wadenwickler mit den Rosen dazwischenkommen und dieser unglaublich schönen O.-Henry-Geschichte ...
Im Nachhinein bin ich froh, dass alles so kam und dass ich diese Lungenentzündung hatte damals. Gary, der Ansteckung fürchtete, glänz-

te ganze zwei Wochen lang durch Abwesenheit, und so kam Peter mit seinen roten Rosen zum Zuge. Wer weiß, wenn diese Rosen nicht gewesen wären und diese Wadenwickel, dann hätte ich heute jede Menge Hauspersonal und müsste den ganzen Tag shoppen, bis auf die zwei Stunden, in denen ich mich für vierhundert Dollar pro Sitzung bei meinem Psychoanalytiker ausheulen würde.

Denn merke: *Die Summe aller Sorgen bleibt stets dieselbe* – das zumindest hat mein Großvater immer behauptet, daran könne auch viel Geld nichts ändern. Seiner nicht unbeträchtlichen Erfahrung nach sind gerade die Leute, die alles zu haben scheinen, am unglücklichsten, weil sie (unter vielem anderen, guten Freunden vor allem) das entbehren, wovon wir meist mehr haben, als uns lieb ist: Stress nämlich. Muss ziemlich öde sein, sich immer an einen gedeckten Tisch zu setzen.

10
Von Rauschgoldengeln und anderen Flügelwesen

Irgendwann muss der himmlischen Hauptverwaltung da oben mein ewiges Geklage zuviel geworden sein. Ich bildete mir doch glatt ein, dass andere alles Glück für sich gepachtet hätten, während ich so recht auf keinen grünen Zweig kam. Bis ein Engel, der von dort oben offensichtlich abgesandt worden war, mich auf die Idee brachte, *diese grünen Zweige ganz einfach einmal zu zählen.*

Dieser Denkprozess wurde, wen wundert's, an einem Heiligen Abend ausgelöst, und zwar ausgerechnet durch einen Christbaum. Ich lag im Krankenhaus damals, weil ich bei dem törichten Versuch abgestürzt war, der riesigen Fichte, die Peter in diesem Jahr angeschleppt hatte, den traditionellen Rauschgoldengel aufzusetzen.

Mein Großvater hatte den Engel vor vielen, vielen Jahren seiner Sophie-Louise vom Nürnberger Christkindlmarkt mitgebracht, und seither schmückt dieses wunderbare Flügelwesen alle Jahre wieder unseren Tannenbaum. Leider hat unser Christian, als er klein war, in seinem Forscherdrang herauszufinden versucht, welchen Effekt eine Wärmequelle auf Wachs hat, und seither sind die Züge des schönen Engelsgesichts leicht entgleist, aber wenn man unten steht und so hinaufguckt, sieht er fast normal aus – es ist, wie alles im Leben, bloß eine Frage der Perspektive. Christian ist übrigens überzeugt, dass es sich bei dem Flügelwesen um eine Frau handelt, denn auf dem Band, das sie trägt, steht Gloria, und das ist nun ganz eindeutig ein Frauenname. Seither hört unser Engel auf den aparten Namen Gloria.

Gloria musste jedenfalls auf die Spitze! Es war am Nachmittag des Heiligen Abends – Peter war mit den Kindern Schlittschuhlaufen, damit ich dem Christkind zur Hand gehen konnte – da bemerkte ich plötzlich, dass dem Baum noch der segnende Engel fehlte. Ich also auf die Leiter rauf, als das Unglück auch schon geschah – diese Leiter stand nämlich mit einem Bein auf einem Paket Legosteine, und eh ich's mich versah, hatte ich mir den Oberschenkel gebrochen. So machte ich mir im Krankenhaus einen gemütlichen Abend.

Ich heulte Rotz und Wasser. Wenn ich mir schon einen komplizierten und zu allem Überfluss auch noch offenen Bruch zuziehen musste, dann hätte das Schicksal sich doch wenigstens einen anderen von den dreihundertfünfundsechzig Tagen aussuchen können, an dem es mir besser gepasst hätte. Wenn man kleine Kinder hat, die seit Wochen dem vierundzwanzigsten Dezember entgegenfiebern, und plötzlich fällt Weihnachten aus, dann kann einem schon fast das Herz brechen – so ein Beinbruch ist eigentlich ein Dreck dagegen (wie man hier im Fränkischen sagt). Viel schlimmer

noch aber war, dass ich die vielzitierten leuchtenden Kinderaugen verpassen sollte.
Gott sei Dank war Tante Friedchen da und auch meine tüchtige Schwiegermutter Perpetua. Sie konnten einspringen und die Kinder ablenken, sodass sich Peter am Abend wegstehlen konnte. Er las mir jene Geschichte vor, ohne die es seit jener denkwürdigen Lungenentzündung vor fast achtzehn Jahren für mich gar nicht Weihnachten werden kann. Sie tröstete mich schon mal über das Schlimmste hinweg, und den Rest übernahm besagter Rauschgoldengel, der mich von meinem Nachttisch aus milde anlächelte und mir zunickte – jedenfalls hätte ich *schwören* können, dass er mir zunickte, obwohl mir mein Kopf, nachdem die Wirkung der Narkose nachgelassen hatte, versicherte, dass das gar nicht sein könne.
Aber wieso eigentlich nicht, hakte ich trotzig nach. Wenn ich in den Apfelkeller gehen kann, um mit meinen Großeltern zu plaudern, dann

werde ich doch auch mit einem Rauschgoldengel in ein Zwiegespräch treten können, dachte ich mir. Und siehe da – mein Engel begann wirklich mit mir zu reden, wahrscheinlich weil ihn endlich einmal jemand ernst nahm.
Nun muss man allerdings damit rechnen, dass Engel einem gern *ein Licht aufstecken*, vor allem zu Weihnachten, und in meinem Falle war das nicht anders. Meinem Rauschgoldengel war natürlich nicht entgangen, dass ich wieder mal mit dem Schicksal haderte und mich fragte, warum ich bei aller Mühe, die ich mir gab, nie so recht auf den berühmten grünen Zweig kam. „Es gibt doch jede Menge *grüne Zweige* in deinem Leben", warf Gloria ein und wies mit dem Kopf auf die Tannenreiser, die auf meinem Nachttisch standen. Die Kinder hatten sie aus dem Wald mitgebracht und mit goldenen Nüssen und Fotos von sich verziert, auf dass ich sie ja nicht vergessen würde. Arrangiert war dieses Angebinde in einem nicht genauer identifizierbaren Objekt,

das von Weitem aussah wie ein riesiger versteinerter Blauschimmelkäse. So eine Art *Bavaria blue,* den man irgendwo ganz weit hinten im Kühlschrank vergessen hat. Tatsächlich handelte es sich bei diesem Blauschimmelkäse jedoch um eine Vase unseres töpfernden Sohnes aus einer ganz frühen Schaffensphase, die wir später als die *Gorgonzola-Periode* bezeichneten. Außerdem lagen auf dem Nachttisch noch andere Gaben, die mir das Christkind ins Krankenhaus nachgetragen hatte: ein Paar Fellpuschen zum Beispiel von meinen Vermonter Verwandten, zu denen die Kunde von meinen ewig kalten Füßen gedrungen war, sowie Handschuhe und eine Heizdecke und eine liebevoll mit einer Art Rollkragenpulli umstrickte Wärmflasche von Tante Friedchen. Dann war da noch ein Paket aus Christianssiel, das mich zu Tränen rührte: Ein „Seelenwärmer" war darin, den mir meine Großmutter mit ihren damals fast hundert Jahren genäht hatte.

So ein Seelenwärmer, müssen Sie wissen, ist ein ziemlich simples Kleidungsstück aus einem weichen, wattierten Material, das Brust und Rücken aufs Angenehmste wärmt. Wir haben solche Seelenwärmer als Kinder immer gehabt – sie haben keine Ärmel, die einen einengen, sondern bestehen im Grunde nur aus einem Rücken und Brust bedeckenden Stoffstück, das man über den Kopf zieht und das man an den Seiten ganz einfach zusammenbindet – eigentlich sehen sie sehr nett aus, vor allem dann, wenn sie auf dem Brustlatz mit einer Stickerei verziert sind. Auf meinen Seelenwärmern standen, als ich Kind war, stets die Initialen meines Namens: EMA. Sticken könne sie nun nicht mehr, schrieb meine Großmutter mir dazu, aber dafür habe sie mir noch etwas von Morgenstern mit eingepackt:

Möwenlied

Die Möwen sehen alle aus,
als ob sie Emma hießen.
Sie tragen einen weißen Flaus
und sind mit Schrot zu schießen.

Ich schieße keine Möwen tot,
ich laß sie lieber leben –
und füttre sie mit Roggenbrot
und rötlichen Zibeben.

O Mensch, du wirst nie nebenbei
der Möwe Flug erreichen.
Wofern du Emma heißest, sei
zufrieden, ihr zu gleichen.

Ich habe noch nie so gern Emma geheißen wie an diesem wirklich Heiligen Abend! Mir kam es fast so vor, als habe Morgenstern dieses Möwengedicht nur für mich geschrieben und ich sandte meinem Engel einen dankbaren Blick zu. Er blickte ein wenig genervt, wie mir schien, gen Himmel, so als wollte er sagen, danke nicht mir, danke der Hauptverwaltung. Ich gelobte überdies hoch und heilig Besserung und nahm mir fest vor, von nun an nie mehr zu klagen.

Die Geschenke nahmen überhaupt kein Ende. Mein jüngerer Sohn – er war damals acht – schenkte mir ein Paar von diesen Handwärmern, wie sie Jäger des Morgens auf dem Ansitz brauchen, wenn sie auf Beute lauern (und die lieben, ahnungslosen Rehlein abknallen), sowie einen schnapsgefüllten Flachmann, den die Krankenschwestern am nächsten Tag scheelen Blickes beäugten, wobei sie sich die Frage stellten, ob ihre Buchhändlerin womöglich dem Alkohol mehr zuneige, als gut für sie sei. Ich fing einen dieser Blicke auf und erklärte freimütig, dass ich kein Problem mit Alkohol hätte, dass ich aber ein Problem hätte, wenn ich keinen Alkohol hätte, ha, ha. Doch der Scherz kam, glaube ich, nicht so gut an ...“ Warum du auch immer so’n Quatsch erzählen musst“, schalt mich mein Mann, aber gelacht hat er trotzdem, denn solche Schoten bringt er selber gern.

Christian lieh mir außerdem, damit mir im Krankenhaus nicht langweilig werden würde, ein paar der Micky-Maus-Hefte, die er sich aus sehr obskuren Quellen zu besorgen pflegte. Auch das fiel bei der Visite ganz offensichtlich unangenehm auf. Und die Kombination von Micky Maus *und* Flachmann war natürlich ziemlich fatal. Ich fürchtete schon, dass man mich auf den Korridor abschieben würde, wo die Alkis ihr Gnadenbrot fristen, aber dann legte Gott sei Dank unser Herr Pastor ein gutes Wort für mich ein. So durfte ich denn auf meinem luxuriösen AOK-Vierbettzimmer bleiben.

Ich war gerührt. Mein Mann brachte mir (neben jeder Menge wärmender Kleidungsstücke sowie einer *klarlackimprägnierten* Küchenschürze) ein neues Pinnbrett und eine in Leder gebundene Sammlung eigener Gedichte mit, die er nach einem alten Song von John Denver, der mich stets zu Tränen rührt, *Poems, Prayers and Promises* betitelt hatte ... Es hörte überhaupt nicht mehr auf.

„So ist das mit den grünen Zweigen, Mariechen“, sprach mein Engel. „Man muss sie bloß mal richtig zählen.“

Was ich dann auch gemacht habe. Ich nahm weisungsgemäß ein Blatt Papier – und begann die erste *Inventurliste meines Lebens* zu schreiben. Die Besenkammer und der Salami-Briefbeschwerer gehörten damals noch nicht dazu, denn die kamen erst sehr viel später, und doch, als ich fertig war, standen so viele Dinge darauf, dass ich zum Schluss verwundert und auch ein bisschen beschämt auf die paar Posten blickte, die auf der anderen Seite meiner Liste standen.

Seither beneide ich niemanden mehr, der es im Leben besser getroffen zu haben *scheint* als ich. Auch haben mich Christians Micky-Maus-Hefte etwas gelehrt, worauf man nicht so leicht kommt, wenn man als Kind nur pädagogisch wertvolle Bücher zu lesen bekommen hat: dass man nämlich die Dagobert Ducks mit all ihren *Duckaten* wirklich nicht zu beneiden braucht. Zumal die armen Schweine nie wissen, wer ihre wahren Freunde sind. Und das würde mich, schätze ich mal, ziemlich fertig machen.

Was mich an *Forrest Gump* erinnert, der auch zu den guten Dingen in meinem Leben gehört. Peter brachte mir damals das Video mit ins Krankenhaus und ich habe diesen Film immer wieder und wieder angeschaut. Selbst unsere Kinder kennen ihn inzwischen fast auswendig, und Maxie liebt ihn fast so wie ich, diesen Forrest Gump, mit dem es das Leben zunächst ein-

mal gar nicht gut zu meinen scheint. „Life is like a box of chocolates. One never knows what one's gonna get: Das Leben ist wie eine Schachtel Pralinen – man weiß nie, was für eine man kriegt."
Peter lacht mich zwar immer ein wenig aus, wenn ich behaupte, dass man alles, was man im Leben wirklich braucht, von diesem hinreißend hinterwäldlerischen Forrest Gump lernen kann, aber ich lasse mich davon nicht beirren, sondern amüsiere mich immer wieder über diese alten, genialen Gags (die Amerikaner sind, wenn sie sich selbst zum besten haben, wirklich *göttlich*), und ich weine immer wieder an denselben Stellen. Ich kann ihn nur bewundern, diesen Forrest Gump, der zwar über einen ziemlich begrenzten Horizont verfügt, dessen innerer Kompass ihn jedoch nie in die Irre führt: Er weiß, was richtig und was falsch ist (er weiß auch zum Beispiel, was er von diesen Präsidenten zu halten hat, die Amerikas Unschuld ver-

spielt haben), und er folgt in allen Dingen seinem Gefühl und seiner Intuition. Forrest Gump, das ist eine moderne Version des Märchens vom tapferen Schneiderlein, dem das Glück trotz all seiner Handicaps zufällt, weil es gut ist. Ganz einfach nur *gut*. Vielleicht ist ja das das Geheimnis aller Lebenskunst?

Wenn ich des Morgens in meiner Besenkammer sitze und ziemlich scharf nachdenke, dann stelle ich immer wieder fest: Eigentlich kann ich ganz froh sein, dass die Dinge so und nicht anders gekommen sind. So war zum Beispiel der Wadenwickler, auch wenn mir seine Klarlacksprüherei zuweilen mächtig auf den Senkel geht, genau die richtige Entscheidung. Denn auf ihn ist immer Verlass, egal was passiert. Gary, dieser Millionärssohn mit dem Fünf-Kilo-Klunker (siehe oben) hätte mir vielleicht jede Weihnachten einen neuen Pelzmantel geschenkt und einen Scheck fürs Fettabsaugen oder Faceliften – aber so etwas wie die *Poems, Prayers and Pro-*

mises hätte ich von Gary nie zu erwarten gehabt. Und die O.-Henry-Geschichte, glaube ich, hätte er nicht einmal verstanden. Solche Dinger gehen einfach über den beschränkten Horizont von Leuten, die der Überzeugung sind, dass man mit Geld jedes, aber auch wirklich jedes Problem lösen kann. Und auch mit Morgenstern hätte dieser Gary nichts anfangen können, fürchte ich.

Weswegen ich voll Dankbarkeit, dass dieser Gary an mir vorbeigegangen ist, dem Morgenstern, wenn ich aufstehe, ein stummes Gebet gen Himmel schicke ... In wolkenlosen Nächten strahlt er mich nämlich von dort oben an und hilft mir wie einst den Seeleuten, die Orientierung nicht zu verlieren.

TEIL II

Hier sind sie, jene vierundzwanzig Juwelen, die mir Peter damals geschenkt hat und die mein Leben so gründlich verändern sollten. Wie es der Zufall (oder was auch immer es gewesen sein mochte) wollte, bekam ich sie in einem Strauß roter Rosen just an einem ersten Dezember, und ich durfte Tag für Tag eines der Briefchen, die an einer jeden Blüte hingen, öffnen. Nach einer Woche hängte ich den Strauß zum Trocknen auf und machte fröhlich weiter. Am Heiligen Abend erwartete mich die ganz große Überraschung: In einem dicken wattierten Umschlag fand ich nicht nur einen Ring (einen echten irischen Clodagh), sondern eben jene schönste Weihnachts- bzw. Liebesgeschichte der Welt, von der ich Ihnen aber ganz zu Anfang des Buches schon so viel vorgeschwärmt habe, dass ich Sie nun nicht mehr länger auf die Folter spannen will.

Aber eines muss ich Ihnen jetzt doch noch ganz schnell erzählen: Vor ein paar Jahren hat mir mein Mann diese vierundzwanzig Kostbarkeiten noch einmal auf einem Papier ausgedruckt, in dem echte Rosenblüten eingeschlossen sind. Diese Bögen hat er, wie sollte es auch anders sein, zunächst mit *Klarlack* behandelt, bevor er sie liebevoll in dunkelroten Samt einband. „Stop and Smell the Roses" ist der Titel, den Peter seiner Klarlack-Anthologie gab. Nun habe ich jedes Jahr im Advent etwas zu lesen, das jeden Tag ein wenig mehr Weihnachten in meiner Seele werden lässt.

Lassen Sie sich ein wenig von der manchmal etwas herben Schönheit der nun folgenden Texte verzaubern und geben Sie ihnen ein wenig Zeit, denn manche wirken nach dem *Korf'schen Patent* erst nach einer zeitlichen Verzögerung. Wer weiß, vielleicht lesen Sie Peters Klarlack-Anthologie ja von jetzt an auch *alle Jahre wieder.* Das würde uns sehr gefallen, schätze ich mal.

Stop and Smell the Roses – 24 literarische Überraschungen

Ein kleines Lied

Ein kleines Lied! Wie geht's nur an,
Daß man so lieb es haben kann.
Was liegt darin? Erzähle!
Es liegt darin ein wenig Klang,
Ein wenig Wohllaut und Gesang
Und eine ganze Seele.

Marie von Ebner-Eschenbach

Märchenaugen

Leg's dem Leben nicht zu Last,
Dünkt sein Wert dich Plunder!
Wenn du Märchenaugen hast,
Ist die Welt voll Wunder.

Victor Blüthgen

Unvollkommenheit

Nichts ist vollkommen hier auf dieser Welt.
Der Rose ist der Stachel beigesellt;
Ich glaube gar, die lieben holden Engel
Im Himmel sind nicht ohne Mängel.

Heinrich Heine

Einmal sollte man

Einmal sollte man seine Siebensachen
Fortrollen aus diesen glatten Geleisen.
Man müsste sich aus dem Staube machen
Und früh am Morgen unbekannt verreisen.

Man sollte nicht mehr pünktlich wie bisher
Um acht Uhr zehn den Omnibus besteigen.
Man müsste sich zu Baum und Gräsern neigen
Als ob das immer so gewesen wär.

Man sollte sich nie mehr mit Konferenzen,
Prozenten oder Aktenstaub befassen.
Man müsste Konfession und Stand verlassen
Und eines schönen Tags das Leben schwänzen.

Es gibt beinahe überall Natur
(Man darf sich nur nicht sehr um sie bemühen)
Und soviel Wiesen, die trotz Sonntagstour
Auch werktags unbekümmert weiterblühen.

Man trabt so traurig mit in diesem Trott.
Die anderen aber finden, dass man müsste.
Es ist fast, als stünd man beim lieben Gott
Allein auf der schwarzen Liste.

Man zog einst ein Lebenslos zweiter Wahl.
Die Weckeruhr rasselt. Der Plan wird verschoben.
Behutsam verpackt man sein kleines Ideal.
Einmal aber sollte man ... (siehe oben!)

Mascha Kaléko

Ich kam in diese Welt herein

Ich kam in diese Welt herein,
Mich baß zu amüsieren,
Ich wollte gern was Rechtes sein
Und mußte mich immer genieren.
Oft war ich hoffnungsvoll und froh,
Und später kam es doch nicht so.

Nun lauf ich manchen Donnerstag
Hienieden schon herummer,
Wie ich mich drehn und wenden mag,
's ist immer der alte Kummer.
Bald klopft vor Schmerz und bald vor Lust
Das rote Ding in meiner Brust.

Wilhelm Busch

Heilig ist die Unterhose

Heilig ist die Unterhose,
wenn sie sich in Sonn und Wind,
frei von ihrem Alltagslose
auf ihr wahres Selbst besinnt.

Christian Morgenstern

Dulde, trage

Dulde, trage,
bessere Tage
werden kommen.
Alles muß frommen,
denen, die fest sind.
Herz, altes Kind,
dulde, trage.

Christian Morgenstern

Nicht müde werden

Nicht müde werden
sondern dem Wunder
leise
wie einem Vogel
die Hand hinhalten.

Hilde Domin

An Rheumatismus
und an wahre Liebe
glaubt man erst,
wenn man davon
befallen wird.

Marie von
Ebner-Eschenbach

Jenem Stück Bindfaden

Bindfaden, an den ich denke,
Kurz warst du, und lang ist's her.

Ohne dich wäre das so schwer
Und so hoffnungslos gewesen.

Auf der Straße von mir aufgelesen,
Halfst du mir,
Mir und meiner Frau. – Wir danken dir,
Ich und meine Frau.

Bindfaden, du dünne Kleinigkeit
Wurdest mir zum Tau. –
Damals war Hungerszeit;
Und ich hätte ohne dich in jener Nacht
Den Kartoffelsack nicht heimgebracht.

Joachim Ringelnatz

Was es ist

Es ist Unsinn
sagt die Vernunft
Es ist was es ist
Sagt die Liebe
Es ist Unglück
Sagt die Berechnung
Es ist nichts als Schmerz
Sagt die Angst
Es ist aussichtslos
Sagt die Einsicht
Es ist was es ist
Sagt die Liebe

Es ist lächerlich
Sagt der Stolz
Es ist leichtsinnig
Sagt die Vorsicht
Es ist unmöglich
Sagt die Erfahrung
Es ist was es ist
Sagt die Liebe

Erich Fried

Gesundheit ist doch eine hässliche Krankheit
sagen die Bakterien.

Piet Hein

Ein guter Freund

Da kommt mir eben so ein Freund
Mit einem großen Zwicker.
Ei, ruft er, Freundchen, wie mir scheint,
Sie werden immer dicker.

Jaja, man weiß oft selbst nicht wie,
So kommt man in die Jahre;
Pardon, mein Schatz, hier haben Sie
Schon eins, zwei graue Haare!

Hinaus, verdammter Kritikus,
Sonst schmeiß ich dich in Scherben.
Du Schlingel willst mir den Genuß
Der Gegenwart verderben!

Wilhelm Busch

Gebet

Herr! Schicke was du willst,
Ein Liebes oder Leides;
Ich bin vergnügt, daß beides
Aus Deinen Händen quillt.

Wollest mit Freuden
Und wollest mit Leiden
Mich nicht überschütten!
Doch in der Mitten
Liegt holdes Bescheiden.

Eduard Mörike

Glückliche Fahrt

Die Nebel zerreißen,
Der Himmel ist helle,
Und Äolus löset
Das ängstliche Band.
Es säuseln die Winde.
Es rührt sich der Schiffer.
Geschwinde! Geschwinde!
Es teilt sich die Welle,
Es naht sich die Ferne;
Schon seh ich das Land.

Johann Wolfgang Goethe

Lebenskunst

Sieh, das ist Lebenskunst:
Vom schweren Wahn
des Lebens
sich befrein
fein hin zu lächeln
übers große Muß.

Christian Morgenstern

An sich

Sei dennoch unverzagt. Gib dennoch unverloren,
Weich keinem Glücke nicht.
Steh höher als der Neid.
Vergnüge dich an dir, und acht es für kein Leid,
Hat sich gleich wider dich Glück,
Ort und Zeit verschworen.

Paul Fleming

Das Fräulein stand am Meere

Das Fräulein stand am Meere
Und seufzte lang und bang,
Es rührte sie so sehre
Der Sonnenuntergang.

„Mein Fräulein! sein Sie munter,
Das ist ein altes Stück;
Hier vorne geht sie unter
Und kehrt von hinten zurück."

Heinrich Heine

Ich bin eigentlich ganz froh, daß ich krank geworden bin. Das Buch wird jetzt viel schöner.

Theodor Fontane in einem Brief an seine Frau

Korf erfindet eine Art von Witzen

Korf erfindet eine Art von Witzen,
die erst viele Stunden später wirken.
Jeder hört sie an mit Langeweile.

Doch als hätt ein Zunder still geglommen
wird man nachts im Bette plötzlich munter,
selig lächelnd wie ein satter Säugling.

Christian Morgenstern

Der Schnupfen

Ein Schnupfen hockt auf der Terrasse,
auf daß er sich ein Opfer fasse.
– und stürzt alsbald mit großem Grimm
auf einen Menschen namens Schrimm.
Paul Schrimm erwidert prompt: Pitschü!
Und hat *ihn drauf bis Montag früh.*

Christian Morgenstern

Stufen

Wie jede Blüte welkt und jede Jugend
Dem Alter weicht, blüht jede Lebensstufe,
Blüht jede Weisheit auch und jede Tugend
Zu ihrer Zeit und darf nicht ewig dauern.
Es muß das Herz bei jedem Lebensrufe
Bereit zum Abschied sein und Neubeginne,
Um sich in Tapferkeit und ohne Trauern
In andre, neue Bindungen zu geben.
Und jedem Anfang wohnt ein Zauber inne,
Der uns beschützt und der uns hilft zu leben.

Wir sollen heiter Raum um Raum durchschreiten,
An keinem wie an einer Heimat hängen,
Der Weltgeist will nicht fesseln uns und engen,
Er will uns Stuf' um Stufe heben, weiten.
Kaum sind wir heimisch einem Lebenskreise
Und traulich eingewohnt, so droht Erschlaffen;
Nur wer bereit zu Aufbruch ist und Reise,
Mag lähmender Gewöhnung sich entraffen.

Es wird vielleicht auch noch die Todesstunde
Uns neuen Räumen jung entgegensenden,
Des Lebens Ruf an uns wird niemals enden ...
Wohlan denn, Herz, nimm Abschied und gesunde!

Hermann Hesse

Schenken

Schenke groß oder klein,
Aber immer gediegen.
Wenn die Bedachten
Die Gaben wiegen,
Sei dein Gewissen rein.

Schenke herzlich und frei.
Schenke dabei,
Was in dir wohnt
An Meinung, Geschmack und Humor,
So daß die eigene Freude zuvor
Dich reichlich belohnt.

Schenke mit Geist ohne List.
Sei eingedenk,
Daß dein Geschenk
Du selber bist.

Joachim Ringelnatz

Die Gabe der Weisen

Ein Dollar und siebenundachtzig Cent. Das war alles. Und sechzig Cent davon bestanden aus Penny-Stücken. Pennies, die sie durch zähes Feilschen dem Krämer, dem Fleischer und dem Gemüsehändler nach und nach abgehandelt hatte, bis es ihr die Schamröte ins Gesicht trieb, denn sie bemerkte sehr wohl, dass man ihr diese Pfennigfuchserei insgeheim als kleinlichen Geiz anlastete. Dreimal zählte Della nach. Ein Dollar und siebenundachtzig Cent. Und morgen war Weihnachten.

Da blieb nun wirklich nichts anderes übrig, als sich auf das schäbige alte Sofa zu werfen und zu heulen. Was Della denn auch tat. Und was uns zu der hochphilosophischen Überlegung führt, dass das Leben aus Schluchzen, Seufzen und Lächeln besteht, wobei die Seufzer wohl in der Überzahl sind. Während die Dame des Hauses allmählich vom ersten der genannten Stadien in das zweite hinübergleitet, werfen wir einen Blick in ihr Heim. Eine möblierte Wohnung für acht Dollar die Woche, die eigentlich mehr die Bezeichnung Asyl verdient, denn nur wenig unterscheidet sie von den unsäglichen Behausungen, die die Fürsorge Obdachlosen zur Verfügung stellt.

Im Entree befand sich ein Briefkasten, in den nie ein Brief fiel, und ein Klingelknopf, dem keines Sterblichen Finger jemals einen Ton entlocken würde. Vervollständigt wird dieses Bild durch ein Schildchen mit der Aufschrift „Mr. James Dillingham Young".

Den Namen Dillingham hatte man in besseren Zeiten dort unten angebracht, als vorübergehender Wohlstand seinem Besitzer dreißig Dollar pro Woche einbrachte. Jetzt war sein Einkommen auf zwanzig Dollar geschrumpft und die Buchstaben auf dem Namensschild waren von Wind und Wetter so ausgebleicht, dass sie aussahen, als würden sie ernsthaft darüber nachdenken, ob sie sich nicht zu einem bescheidenen und ganz anspruchslosen „D" zusammenziehen sollten. Jedes Mal aber, wenn Mr. James Dillingham Young nach Hause kam und seine Wohnung betrat, wurde er von Mrs. James Dillingham – die wir Ihnen bereits als „Della" vorgestellt haben, stürmisch umarmt und begeistert als „Jim" begrüßt. Was eigentlich alles sehr erfreulich ist.

Della hörte zu weinen auf und retuschierte die Tränenspuren in ihrem Gesicht mit der Puderquaste. Sie stand am Fenster und sah betrübt einer grauen Katze zu, die in einem grauen Hinterhof einen grauen Zaun entlangschlich. Morgen war Weihnachten, und sie hatte nur einen Dollar und siebenundachtzig Cent, um Jim ein Geschenk zu kaufen. Seit Monaten hatte sie nach Kräften jeden Penny gespart und das war alles, was dabei herausgekommen war. Mit zwanzig Dollar die Woche kommt man nicht sehr weit. Sie hatte mehr Ausgaben gehabt als geplant. Das ist ja immer so. Nur ein Dollar und siebenundachtzig Cent, um Jim ein Geschenk zu kaufen. Ihrem Jim. Viele glückliche Stunden hatte sie damit verbracht, sich etwas Hübsches für ihn auszudenken. Etwas wirklich Feines, Seltenes, etwas, das, wenn auch nur halbwegs, der Ehre würdig sei, ihrem Jim zu gehören.

Zwischen den Fenstern des Zimmers hing ein schmaler, langer Pfeilerspiegel. Vielleicht haben Sie eine solche Art von Spiegel in einer Acht-Dollar-Wohnung gesehen. Nur eine sehr schlanke und bewegliche Person kann, so sie ihr Spiegelbild in einer raschen Folge von Längsstreifen zu betrachten in der Lage ist, ein einigermaßen zuverlässiges Bild ihrer äußeren Erscheinung gewinnen. Da Della schlank war, beherrschte sie diese Kunst. Plötzlich wirbelte sie herum und stellte sich vor den Spiegel. Ihre Augen blitzten aufgeregt, doch ihr Gesicht hatte in weniger als zwanzig Sekunden alle Farbe verloren. Rasch löste sie ihr Haar und ließ es in seiner vollen Länge herabfallen.

Nun gab es zwei Dinge im Besitz von Mr. und Mrs. James Dillingham Young, auf die beide mächtig stolz waren. Eines davon war Jims goldene Uhr, die zuvor schon seinem Vater und seinem Urgroßvater gehört hatte. Das andere war Dellas Haar. Hätte in der Wohnung jenseits des Lichtschachts die Königin von Saba gewohnt, so hätte Della vielleicht eines Tages ihr Haar zum Trocknen aus dem Fenster gehängt, und alle Juwelen und sonstigen Schätze ihrer Majestät wären zur Bedeutungslosigkeit herabgesunken. Und wäre König Salomo Portier im Hause der Dillinghams gewesen und hätte all seine Reichtümer im Keller gestapelt, so hätte Jim jedes Mal im Vorbeigehen seine Uhr gezückt, und der König hätte sich vor Neid den Bart gerauft.

So fiel nun Dellas schönes Haar wie ein brauner Wasserfall glänzend und sanft sich kräuselnd an ihr herab. Es reichte ihr bis unter die Knie und umhüllte sie fast wie ein Gewand. In nervöser Hast steckte sie es wieder auf. Einen Augenblick lang schwankte sie noch in ihrem Entschluss, während eine Träne oder möglicherweise auch zwei auf den abgetretenen Teppich tropften.

Schnell zog sie ihre alte braune Jacke an, schnell setzte sie ihren alten braunen Hut auf. Mit wehenden Röcken und immer noch diesem Leuchten in den Augen huschte sie aufgeregt durch die Tür, die Treppe hinunter, auf die Straße.

Sie blieb erst stehen, als sie ein Schild erreicht hatte, auf dem zu lesen war: „Mme. Sofronie, Haarteile aller Art“. Della rannte die Treppe hinauf und rang, oben angekommen, nach Luft und Fassung. Die gnädige Frau war wohlgenährt, bleichgesichtig und eiskalt. Sie sah kaum so aus, als könne sie „Sofronie“ heißen.

„Wollen Sie meine Haare kaufen?“, fragte Della.

„Ich kaufe Haar“, antwortete Madame. „Dann nehmen Sie mal Ihren Hut ab und lassen Sie sehen.“

Herunter strömte der braune Wasserfall.

„Zwanzig Dollar", bot Madame und griff mit geübten Händen in die Haarflut.

„Schnell, geben Sie mir das Geld", sagte Della.

Die nächsten zwei Stunden eilten dahin wie auf rosigen Flügeln – das ist ein stilistisch nicht gerade brillanter Vergleich, vergessen Sie ihn also lieber. Della stürmte durch die Läden auf der Suche nach Jims Geschenk.

Sie fand es schließlich. Es war nur für Jim gemacht und für niemand anders, das stand fest. In keinem anderen Geschäft hatte sie auch nur eines gefunden, das diesem hier auch nur annähernd gleichkam. Und sie hatte sie wirklich alle auf den Kopf gestellt. Es war eine schlichte, edle und in der Form vollendete Uhrkette aus Platin, deren Wert sich allein in ihrem Material offenbarte und nicht in auffälligen Verzierungen. Sie war gerade so, wie alle wirklich guten Dinge sein sollten. Sie war sogar der Uhr aller Uhren würdig. Kaum dass Della sie gesehen hatte, wusste sie, dass sie Jim gehören musste. Sie war wie er dezent, vornehm und wertvoll – diese Begriffe treffen es wohl ziemlich genau.

Einundzwanzig Dollar nahm man ihr ab und sie eilte mit den restlichen siebenundachtzig Cent nach Hause. Mit dieser Kette an seiner Uhr konnte Jim in jeder Gesellschaft stilvoll nach der Zeit sehen. Denn wenn die Uhr auch ein Prachtstück war, so schaute er sie oft nur verstohlen an, denn sie war an einem Lederriemen statt an einer Uhrkette festgemacht.

Als Della zu Hause ankam, dämpften Vernunft und ruhige Überlegung ein wenig ihren Taumel. Sie holte ihre Brennschere hervor, zündete das Gas an und machte sich daran, die verheerenden Folgen zu beheben, die ihre Großzügigkeit im Verein mit ihrer Liebe zu Jim bewirkt hatten.

Und das, liebe Freunde, ist stets eine ungeheure Aufgabe, ein wahres Mammutprogramm. Vierzig Minuten später war ihr Kopf mit winzigen, eng anliegenden Löckchen bedeckt, mit denen sie aussah wie ein bezaubernder Lausbub, der gerade Schule schwänzt. Sie besah sich lange, sorgfältig und kritisch im Spiegel.

„Wenn Jim mich nicht umbringt“, sagte sie sich, „wird er behaupten, dass ich wie ein Revuegirl von Coney Island aussehe, wenn er mich überhaupt noch eines zweiten

Blickes würdigt. Aber, was bitte, hätte ich tun können? Was hätte ich mit einem Dollar und siebenundachtzig Cent anfangen sollen?"

Um sieben Uhr war der Kaffee fertig und auf dem Ofen stand die Pfanne bereit, in der die Koteletts gebraten werden sollten.

Jim kam nie zu spät. Della rollte die Uhrkette in ihrer Hand zusammen und setzte sich auf die Tischkante gegenüber von der Tür, durch die er immer hereinkam. Als sie seine Schritte unten im ersten Stock hörte, wurde sie einen Augenblick lang ganz weiß. Sie hatte die Angewohnheit, kleine Stoßgebete gen Himmel zu richten, auch wenn es nur um Alltagsdinge ging. So flüsterte sie denn auch jetzt: „ Bitte, lieber Gott, mach, dass er mich immer noch hübsch findet."

Die Tür ging auf, Jim trat ein und machte sie hinter sich zu. Er sah schmal und sehr ernst aus. Armer Kerl! Er war erst dreiundzwanzig und schon hatte er eine Familie zu versorgen. Er brauchte dringend einen neuen Mantel und Handschuhe hatte er auch keine. Jim blieb an der Tür stehen, bewegungslos wie ein Jagdhund, der eine Wachtel wittert. Er fixierte Della und in seinen Augen war etwas, das Della nicht zu deuten vermochte, das sie aber erschreckte. Es war weder Zorn noch Überraschung, weder Missbilligung noch Entsetzen, und es war auch keines der Gefühle, auf das sie gefasst war. Er starrte sie mit diesem seltsamen Ausdruck im Gesicht ganz einfach nur an. Della rutschte von Tisch hinunter und lief auf ihn zu.

„Bitte, lieber Jim, sieh mich nicht so an. Ich habe mein Haar abgeschnitten und verkauft, weil ich den Gedanken nicht ertragen konnte, kein Weihnachtsgeschenk für dich zu haben. Es wächst bald wieder nach, du bist mir doch deswegen nicht böse, oder? Ich musste es einfach tun. Mein Haar wächst furchtbar schnell. Wünschen wir uns ‚Fröhliche Weihnachten', Jim, und lass uns ganz einfach glücklich sein. Du weißt gar nicht, was für ein schönes, ja was für ein wunder-, wunderschönes Geschenk ich für dich habe."

„Du hast dein Haar abgeschnitten?", stieß Jim schließlich mühsam hervor, so als sei ihm diese offenkundige Tatsache auch nach größter gedanklicher Anstrengung nicht zu Bewusstsein gelangt und als wollte er sie erst nach reiflicher Überlegung anerkennen.

„Abgeschnitten und verkauft", antwortete Della. „Magst du mich nicht trotzdem genauso gern? Ich bin auch ohne Haar immer noch dieselbe, oder?" Jim sah sich forschend im Zimmer um. „Du sagst, dein Haar sei fort?", fragte er, was ein wenig einfältig klang. „Du brauchst gar nicht danach zu suchen", erwiderte Della, „ich sag dir ja, ich habe es verkauft, es ist weg. Aber heute ist Heiliger Abend. Komm, sei ein wenig lieb zu mir, ich hab's doch für dich getan. Es mag ja sein, dass die Haare auf meinem Kopf gezählt waren", fuhr sie mit hinreißender plötzlicher Ernsthaftigkeit fort, „aber niemand könnte jemals meine Liebe zu dir zählen. Soll ich jetzt die Koteletts braten, Jim?"

Jetzt endlich schien Jim aus seinem Trancezustand zu erwachen. Er schloss Della in die Arme. Wir wollen daher zehn Sekunden lang in diskreter, taktvoller Weise irgendeinen belanglosen Gegenstand am entgegengesetzten Ende des Raumes betrachten. Acht Dollar die Woche oder eine Million im Jahr – wo ist da der Unterschied? Ein Mathematiker oder ein anderer kluger Kopf würde uns eine falsche Antwort geben. Die drei Weisen aus dem Morgenland brachten kostbare Geschenke, aber jene

Gabe war nicht dabei. Sie werden bald verstehen, was mit dieser dunklen Andeutung gemeint ist.

Jim zog ein Päckchen aus seiner Manteltasche und warf es auf den Tisch. „Täusche dich nicht in mir, Della“, sagte er, „ich glaube kaum, dass ein Haarschnitt oder eine Kopfwäsche oder irgendetwas in dieser Richtung mich dazu bringen könnten, mein Mädchen weniger zu lieben. Aber wenn du dieses Paket aufmachst, wirst du verstehen, warum ich vorhin Probleme hatte, die Fassung zu bewahren.“

Behände weiße Finger zogen an Schnur und Papier. Dann ein entzückter Freudenschrei, dem in echt weiblicher Manier übergangslos Tränen und Wehklagen folgten. Diese wiederum stellten den Herrn des Hauses vor die Notwendigkeit, mit allen ihm zur Verfügung stehenden Kräften Trost zu spenden.

Denn dort lagen sie, die schönsten aller Kämme, eine ganze Garnitur davon, seitlich und hinten einzustecken. Della hatte sie schon seit langem in einem Schaufenster am Broadway bewundert. Es waren herrliche, mit Edelsteinen und Perlen verzierte Kämme aus echtem Schildpatt, die von genau der Farbe waren, die zu ihrem verschwundenen Haar gepasst hätte. Es waren teure Kämme, das wusste sie, und ihr Herz hatte sie voller Sehnsucht begehrt, doch hatte sie nie auch nur im Entferntesten zu hoffen gewagt, sie jemals zu besitzen. Jetzt gehörten sie ihr, nur waren die Flechten nicht mehr da, die der ersehnte Schmuck zieren sollte.

Doch sie drückte ihn ans Herz, und schließlich konnte sie auch mit verweinten Augen und einem Lächeln aufblicke und versichern: „Meine Haare wachsen ja so schnell, Jim!"

Da plötzlich sprang sie auf wie ein Kätzchen, das sich das Fell versengt hat und rief „Oh, oh!".

Jim hatte ja sein wunderschönes Geschenk noch nicht gesehen. Sie hielt es ihm eifrig auf der geöffneten Hand entgegen. Das kostbare, matt glänzende Metall schien plötzlich aufzuleuchten und ihr helles, kristallklares Wesen widerzuspiegeln.

„Ist sie nicht prächtig? Ich habe die ganze Stadt nach ihr abgesucht, bis ich sie endlich gefunden habe. Jetzt kannst du getrost hundertmal am Tag nach der Zeit sehen. Gib mir deine Uhr. Ich will doch mal sehen, wie sie dazu aussieht."

Aber Jim tat nicht, was sie sagte. Stattdessen ließ er sich auf das Sofa fallen, faltete die Hände hinterm Kopf und lächelte.

„Dell“, sagte er, „lass uns unsere Weihnachtsgeschenke wegpacken und eine Weile aufheben. Sie sind zu schön, als dass wir sie gleich jetzt benutzen sollten. Ich habe die Uhr verkauft, um das Geld für deine Kämme zu bekommen. Und jetzt, denke ich, wär's an der Zeit, die Koteletts aufs Feuer zu stellen.“

Die Heiligen Drei Könige waren, wie Sie wissen werden, weise Männer, – wunderbar weise Männer –, die dem Kind in der Krippe Geschenke brachten. Sie erfanden die Kunst des weihnachtlichen Schenkens. Und da sie weise waren, wählten sie ihre Gaben zweifellos mit Bedacht und behielten sich für den Fall, dass eine davon schon vorhanden sein sollte, das Recht vor, sie nach dem Fest umtauschen zu können. Und da habe ich nun, nicht sehr geschickt übrigens, Ihnen die ziemlich ereignislose Geschichte von zwei törichten Menschenkindern in einer möblierten Wohnung erzählt, die so unklug waren, einander ihre größten Schätze zu opfern.

Doch in einem Schlusswort an die Weisen unserer Tage lassen Sie mich noch eines sagen, dass nämlich von allen, die schenken, diese beiden die Weisesten waren. Von allen, die schenken und beschenkt werden, sind Menschen wie sie am weisesten. Immer und überall. Sie sind die Könige.

O. Henry

Über die Kunst, sich keinen Kopf zu machen oder was meine Steuerprüfung mit diesem Buch zu tun hat

Es ist noch nicht allzu lange her, da fiel mich ein *hundsgemeiner* und zu allem Unglück auch noch äußerst rätselhafter Virus an. Wahrscheinlich war eine Zecke schuld daran, möglicherweise sogar dasselbe Biest, das ich einem unserer dösigen Cockerspaniels zuvor aus dem Ohr geschraubt hatte. Ich erinnere mich noch, dass unser Pollux mich äußerst dankbar ansah. Wahrscheinlich weiß er ganz genau, wie sehr mir so ein tiefgründiger Blick aus dunklen, melancholisch umschatteten Cockerspanielaugen ans Herz geht.

Obwohl ich wiederum natürlich ganz genau weiß, dass diese angebliche Tiefe nur eine von vielen Cockerspanielmaschen ist, und dass unser Pollux wie sein nichtsnutziger Bruder auch im Grunde nur an einem wirklich interessiert ist – an der nächsten Mahlzeit nämlich.

Ich kenne meine Pappenheimer, denn ich bin mit Cockern aufgewachsen. Auf dem Hof meiner Großeltern gab es stets mindestens zwei davon, die jeweils Castor und Pollux hießen, egal, ob es sich dabei um Jungs oder Mädels handelte. Pollux konnte also durchaus eine Hundedame sein.
Natürlich hören unsere Spaniels heute auch auf diese Namen, das heißt, wenn sie denn überhaupt hören. Meist benutzen sie ihre langen Seidenohren als Entschuldigung dafür, dass sie einen Aufruf oder einen Tadel nicht gehört haben. So ein bisschen schwerhörig zu sein, ist ein oftmals unterschätztes Handicap, das man mit etwas Geschick sehr zu seinem Vorteil einsetzen kann. Ich habe schon länger den Verdacht, dass unsere Spaniels gar nicht so dösig sind, wie sie tun, denn wenn ich unseren Kater Sahnepott, Hubertus' alten Herrn, mit einem kaum hörbaren „Whiskas“ locke (er bekommt zuweilen ein paar Sonderzuwendungen von

mir), dann sind sie stets zur Stelle und schauen mich mit einem dieser oben näher beschriebenen Blicke an, denen ich nie widerstehen kann, vor allem dann nicht, wenn die beiden gleich im Doppelpack auftauchen. Sie kriegen dann auch ein bisschen Whiskas und hin und wieder eine Portion Rote Grütze mit Vanillesoße, wofür sie ganz besonders schwärmen.

Apropos schwärmen: Zecken schwärmen wiederum für diese Seidenohren, und wenn Castor und Pollux sich ihr nachmittägliches Deputat an Katzenfutter holen, lassen sie sich auch ganz geduldig mit der Zeckenzange die Teile aus den Ohren drehen. So hielt ich es denn auch an jenem denkwürdigen, brütend heißen Samstagnachmittag im vergangenen August – und vierundzwanzig Stunden später war ich *krank wie ein Huhn.*

Ich versichere Ihnen – ich war so krank wie noch nie. Sämtliche morgendlichen Übelkeiten in meinem Leben *zusammengenommen* waren ein

Spaziergang gegen das, was mich damals so unvermittelt angefallen hatte. Beunruhigend war vor allem, dass ich keine Ahnung hatte, was mir fehlte. Mit einer Grippe kann man ja umgehen, mit ein paar Salmonellen vielleicht auch noch oder mit einem gebrochenen Schienbein, da weiß man wenigstens, woran man ist. Da heißt es ganz einfach nur „Augen zu und durch", auch wenn's wehtut. Aber dafür hat man die Gewissheit, dass irgendwann die Dinge wieder ins Lot kommen und dass man aller Wahrscheinlichkeit nach bald wieder herumspringt wie ein Märzhase. Doch leider, leider sieht die Sache ganz anders aus, wenn einen eine äußerst rätselhafte Krankheit auf dem falschen Fuß erwischt.

Es war nicht gerade günstig, dass ich an jenem Augustnachmittag ganz allein zu Hause war, von den Cockern einmal abgesehen. Mein Mann, der vielleicht gleich erkannt hätte, was mit mir nicht stimmte, war mit den Kindern wieder einmal zum Survivaltraining in die Tie-

fen des Fränkischen Urwalds abgetaucht. Wahrscheinlich brieten sich die Meinen gerade gemütlich einen Storch, während ich zu Hause zwischen Himmel und Erde schwebte!
Ich versuchte, Perpetua anzurufen, doch sie war nicht da und ich konnte ihr nur einen ziemlich zusammenhanglosen Text auf ihren Anrufbeantworter sprechen – das ist das Letzte, woran ich mich erinnere, das heißt das *Vorletzte*: Das Letzte, was ich wahrnahm, bevor ich in einen tiefen, dunklen Schacht fiel, waren verwirrte Blicke aus schwarzbraunen Cockerspanielaugen. Castor und Pollux saßen leise winselnd neben meinem Bett und machten sich Sorgen. Und sogar Hubertus und Sahnepott, die sonst so ziemlich alles kalt lässt, was nicht mit Miezen, Mäusen oder Whiskas zu tun hat, hatten sich auf das Fußende meines Bettes gelegt und fixierten mich mit aufgeregt bewegtem Schwanz. Spätestens da war mir klar, dass ich wirklich ziemlich krank sein musste.

Dieser Virus, der mich da angefallen hatte, war, wie mir Peter später erklärte, eine im wahrsten Wortsinne *ganz linke Bazille* von völlig unbekannter Herkunft – das sind Viren in letzter Zeit ja gern und sie scheinen sich geradezu einen *Sport* daraus zu machen, die Herren Doctores auszuschmieren.
Noch in den sechziger Jahren bekam man eine Schachtel Penicillin verordnet und damit war der Käse sozusagen gegessen – jedenfalls in den meisten Fällen. Doch dann lernten die Viren ganz schnell dazu (das ist – nebenbei bemerkt – etwas, was sie von uns Menschen ganz offensichtlich unterscheidet). Diese Biester sind inzwischen so gewieft, dass sie immer gleich heraushaben, wie man Ciba-Geigy und Co. austrickst.
Aber bei Ciba-Geigy schläft man natürlich auch nicht. Die Ordnung der Dinge schien wiederhergestellt, als schließlich diese fabelhaften Breitbandantibiotika aufkamen: Sie wirkten auf die verflixten Bazillen in etwa so wie eine Schrot-

flinte auf einen Schwarm Waldschnepfen, und so hatte man im Regelfall die Chose ganz leicht im Griff.

Nur ist inzwischen damit auch schon wieder so ziemlich Essig. Irgendwie sind uns diese Viren, die uns ständig ans Leder wollen, immer um eine Nasenlänge voraus. Offensichtlich liegt das daran, dass sie so kurzlebig sind und sich viel fixer als wir Menschen entwickeln. Bei den Viren geht all das, wofür wir Millionen von Jahren gebraucht haben, *ratzfatz* – das ist das Geheimnis dieser Bande. Und dagegen kann man auch nicht viel machen.

Bis zum heutigen Tag hat niemand herausgefunden, was mir damals fehlte. Ich hatte mir irgendetwas noch nie Dagewesenes eingefangen, so eine Art Virus-Unikat, das mir noch wochenlang zu schaffen machte. Jetzt, da ich die Sache endlich hinter mir habe, kann ich so leichthin darüber reden, aber damals war mir gar nicht nach Lachen zumute. Solche rätselhaften und möglicherweise lebensbedrohlichen Krankheiten haben etwas zutiefst Beunruhigendes – aber was soll man machen? Man kann nur abwarten, sich in Geduld üben und versuchen, sich nicht allzu viele Sorgen zu machen.

Wer weiß, wozu es gut ist, sagte ich mir. Vielleicht hatte dieser Virus ja den Auftrag, mich daran zu erinnern, dass ich nicht so feuerfest bin, wie ich immer dachte. Und wissen Sie was? Das ist etwas, wofür ich ihm, wenn ich's recht bedenke, eigentlich dankbar bin. Ich weiß, es klingt seltsam – aber seit dieser Geschichte sehe ich so einige Dinge in meinem Leben anders, gelassener vielleicht. Denn man betrachtet plötzlich vieles aus der *einzig richtigen Perspektive*, aus der eines Menschen nämlich, für den alles andere außer Gesundwerden *herzlich unwichtig* ist.

Vielleicht ist es also ganz gut so, dass die Mediziner wie weiland die Kriminalkommissare öfters mal im Dunkeln tappen. So wird vermieden, dass man seinen Arzt vom *Klempnerstandpunkt* aus betrachtet: Ein rechter Klempner hat nämlich im Nu repariert, was *klempt*, sagt sich so mancher Zeitgenosse wohl und macht frisch, fromm, fröhlich, frei weiter wie bisher.

Aber bei uns Menschen läuft das alles etwas anders – unser Klempnermeister Paule Fürbaß, der ein kluger Kopf ist, hat mich unlängst darüber ins Bild gesetzt. Offensichtlich kann man sich tiefschürfender Gedanken gar nicht erwehren, wenn man des öfteren (öfter jedenfalls, als einem lieb sein dürfte) mit soviel *Sch…eibenkleister* zu tun hat. *„Shit happens"*, wie Paule Fürbaß zu sagen pflegt – jedenfalls von Zeit zu Zeit, da helfe auch kein positives Denken und man tue gut daran, sich das ab und zu klarzumachen. Da müsse man eben durch – und es gebe auch sehr selten schnelle Lösungen, insbesondere für die größeren Probleme.

Das leuchtete mir ein. Und ich muss immer an seine Worte denken, wenn manchmal gestresste Menschen in meine Buchhandlung kommen und nach irgendwelchen Neuerscheinungen über *Instant*-Entspannungstechniken nach dem „Wie-werde-ich-wieder-fit-und-leistungsfähig-in-dreißig-Sekunden"-Strickmuster suchen. Eine anständige Buchhandlung, finden sie wahrscheinlich, müsste so etwas stapelweise vorrätig haben. Habe ich natürlich nicht. Was ich in solchen Fällen empfehle, ist Sten Nadolnys *Entdeckung der Langsamkeit.* Und siehe da: Ein paar arme Seelen habe ich damit tatsächlich schon gerettet. Die meisten Zeitsparer fühlen sich allerdings nicht ernst genommen und ziehen beleidigt wieder ab. Früher oder später, denke ich mir manchmal, hacken diese Leute im Krankenhaus auf ihr Laptop ein und auf den Schwestern herum, bis eine beherzte Oberschwester ihnen das Spielzeug wegnimmt. Paule Fürbaß nickte nur, als ich ihm ein paar dieser Geschichten erzählte – so etwas kenne er. Er habe zur Zeit auch zwei superschlaue Lehrlinge, die kürzlich versucht hätten, ein verstopftes Klo mit einem Druckluftkompressor wieder klarzukriegen. Das habe auch ganz wunderbar geklappt und die Spülung habe wieder funktioniert wie eine Eins, aber dafür sei in der Wohnung darunter so einiges danebengegangen, und nun müsse die Firma Fürbaß und Söhne das Bad in der unteren Wohnung renovieren ... Zur Zeit seien die beiden Knaben gerade dabei, in ihrer Freizeit den Putz zwischen den Kacheln freizulegen und die Decke neu zu streichen, was Paule Fürbaß grinsend als pädagogisch höchst sinnvolle Maßnahme bezeichnete. Man könne die Burschen hochkant unter der Tür durchschieben, so klein seien sie geworden, zumal sich dieses Abenteuer gleich in der ganzen Branche und vor allem in ihrer Berufsschule herumgesprochen habe. Aber er habe den beiden erklärt, dass sie direkt dankbar sein könnten, diese Lehre schon so früh in ihrem Leben gemacht zu haben – so manch einer komme erst mit vierzig darauf oder noch später, dass der Lebenszweck nicht im Bohren dünner Bretter liegen könne. Und dass Patent- und Instantlösungen äußerst rar seien.

Es gebe da nämlich so etwas, das nenne man *die Tücke des Objekts.* Die Dinge, so Paule Fürbaß, wollen ernst genommen werden und zuweilen lieben sie es, uns daran zu erinnern, dass wir ohne sie ganz schön aufgeschmissen wären. Was machten wir zum Beispiel, wenn wir plötzlich keinen Strom mehr hätten oder kein Wasser – oder wenn mitten im Winter bei fünfzehn Grad minus die Heizung ausfallen würde? Schon wenn die Stadtwerke uns mal für ein, zwei Stunden den einen oder anderen Hahn abdrehen, was ziemlich lästig ist, kommen wir darauf – im Grunde sind wir doch ziemlich verletzlich.

Nun lässt sich eine Leitung in der Regel schnell reparieren und danach ist alles wieder wie zuvor. Und so manch einer, der krank wird, denkt vielleicht, dass ein guter Arzt, wie ein geschickter Handwerker auch, damit problem-

los klarkommt – das sind eben diese Leute, die ihren Arzt für so eine Art Klempner halten.
Doch es gebe da mindestens einen bedeutsamen Unterschied, findet Paule Fürbaß, der sich darüber auch so seine eigenen Gedanken gemacht hat. „So ein verstopftes Abflussrohr hat nämlich keine Seele, jedenfalls spricht nicht sehr viel dafür, und ob man es nun wahrhaben will oder nicht – die Seele hat schon immer was zu tun mit dem, was uns da anfällt."
Als Paule diese höchst bemerkenswerte Beobachtung kürzlich so ganz nebenbei anbrachte, als wir nach getaner Arbeit in der Küche einen Kaffee tranken (Paule lässt sich meine Wiener Mischung nämlich nie entgehen), da kam ich doch sehr ins Grübeln – und ich muss sagen: Er hat – zumindest in meinem Falle – Recht, so banal sein Vergleich mit dem Abflussrohr auch klingen mag.
Inzwischen bin ich ganz sicher, dass die oben beschriebene linke Bazille nur deswegen eine

Chance hatte, weil ich mir damals solche Sorgen um meine kleine Provinzbuchhandlung machen musste. Dieser Jahrhundertsommer 2003 war so heiß, dass plötzlich die Umsätze ins Bodenlose sanken, und das ist in Zeiten, die ohnehin nicht einfach sind, ziemlich fatal. Die Kosten laufen nämlich genauso weiter, und seit die Banken von den Brüsslern angewiesen wurden, den kleinen Krautern die *Daumenschrauben* anzulegen (und, wenn möglich, überdies noch ein paar Fußeisen), lassen sich keine großen Sprünge mehr machen. Tja, so ist das, und dagegen kann man wohl auch nicht viel machen. Man kann nur versuchen, gesund zu bleiben und nicht den Ärger in sich hineinzufressen.

Denn dann ist man für jede Menge Zipperlein eine leichte Beute.

Ich habe mich damals ziemlich allein gelassen gefühlt, denn wenn man so eine Firma am Hals hat (mehr als Ärger bringt ein kleines oder mittelständisches Unternehmen nämlich heute kaum noch ein), dann hängt so viel Verantwortung an einem, dass es schier nicht mehr zu ertragen ist. Weswegen ich damals auch massive Rückenprobleme bekommen habe, nicht durch das viele Bücherschleppen – nein, es war einfach die Sorge, die mich krumm machte. Zu allem Unglück kam dann noch eine Steuerprüfung hinzu und das, muss ich Ihnen sagen, war so *schrecklich*, dass ich einem Nervenzusammenbruch nahe war. Dieser Mensch, den man da auf mich angesetzt hatte, hatte sogar die Stirn, den Kühlschrank in unserem Büro zu öffnen und neugierige Fragen zu dessen Inhalt zu stellen. Wussten Sie zum Beispiel, dass es einen Unterschied macht, ob ich Schokolade für meine Kolleginnen einkaufe oder für meine Kunden? Nein? Dann lassen Sie sich gesagt sein: Wenn ich meine Mitarbeiter zuweilen mit Lindorkugeln aufpäpple, dann verschaffe ich ihnen damit einen „geldwerten Vorteil", der natürlich steuerpflichtig ist, wenn ich sie hingegen an Kunden verteile, kann ich die Schokolade als Betriebsausgabe verbuchen. Überhaupt darf ich den auf Betriebskosten angeschafften Kühlschrank nicht privat nutzen – der Bavaria blue, der zum Beispiel zum Zeitpunkt der Steuerprüfung dort vor sich hinschimmelte, ist eindeutig privater Natur und auch der Spinat, den ich einmal kurzfristig im Tiefkühlfach zwischenlagern musste (es gab ihn gerade beim Lebensmittelhändler gegenüber im Sonderangebot) – ja, auch dieser Spinat war *rechtswidrig* in einer *betriebseigenen Einrichtung* untergebracht. Zum Betrieb einer ordentlichen Buchhandlung sei Spinat nämlich nicht vonnöten, erklärte er mir, mithin sei das Einlagern von Tiefkühlkost zu unterlassen. Ich weiß nicht, wie der Bursche darauf kam, dass es sich bei meiner Buchhandlung um eine *ordentliche* Buchhandlung handelt, den Verdacht kann wirklich niemand haben, der mein Büro betritt, aber das ist in diesem Zusammenhang wohl nicht so wichtig. Ich überlegte fieberhaft, ob ich ihm den Spinat als eines jener Utensilien schmackhaft machen sollte, die ich üblicherweise zur Schaufensterdekoration benötige. Aber ich verwarf den Gedanken gleich wieder, da sich Gefrorenes oder Halbgefrorenes nur relativ schlecht für derlei Zwecke verwenden lässt. Doch mir fiel eine fast schon geniale Erklärung für den Spinat in meinem Kühlschrank ein, da ich wie neunundneunzig Prozent aller Frauen auf diesem Globus besser improvisieren kann als jeder Mann (muss eines dieser genetisch bedingten Talente sein, die wir nun mal haben). Ich erklärte ihm, dass ich den Spinat als Trostpreis für mein neues Preisausschreiben brauchen würde, denn ich wäre gerade dabei, Verona Feldbuschs *Blubb-Buch* ganz massiv zu bewerben. Wer errate, wie viele Blätter in einem Paket Iglu-Rahmspinat stecke, bekomme so ein Päckchen kostenlos. Ob ich denn, wenn dem so sei, auch eine Quittung dafür vorweisen könne, wollte mein Steuerprüfer wissen, und ich weiß noch, dass ich mir in dem Augenblick überlegte, worin der Unterschied zwischen einem Dobermann und einem Steuerprüfer besteht: Der Dobermann lässt einen wenigstens ab und zu einmal aus. Nein, antwortete ich und zitterte innerlich, der Spinat sei mir vom Verlag zur Verfügung gestellt worden und der habe ihn wiederum wahrscheinlich von Iglu ... Glücklicherweise hat mein Prüfer in diesem Falle noch einmal Gnade vor Recht ergehen lassen. Ich fürchtete schon, er würde der Sache noch weiter nachgehen und beim Verlag nachfragen. Das hätte er auch sicherlich getan, doch ich glaube, ihm fiel auf die Schnelle einfach nicht ein, welchen Steuersatz er auf illegal eingelagerte Tiefkühlkonserven anzusetzen gehabt hätte. So kam ich noch einmal glimpflich davon.

Leider war diese Kühlschrankgeschichte nicht die einzige Unannehmlichkeit in dieser ganzen Angelegenheit. Der Rest der Steuerprüfung war gelinde gesagt *entsetzlich*, und selbst wenn ich jetzt darüber leichtfertig schreibe, glauben Sie mir, auf der Richterskala des Stresses rangiert eine Steuerprüfung ganz weit oben, auch wenn man steuerlich gesehen ein (mehr oder weniger) ruhiges Gewissen hat. Zum Betrügen habe ich ohnehin nicht den Nerv, wie soll ich auch – bei den Umsätzen trägt man ohnehin jeden Pfennig auf die Bank und ist froh, wenn man gerade so seine Rechnungen bezahlen kann. Ich fahre ein Auto, das in etwa so viel wert ist wie das Benzin, das sich gerade noch im Tank befindet, und Paule Fürbaß meint, wenn die Kiste noch fünf Jahre durchhält, kann ich sie vielleicht als Oldtimer verkaufen. Dieses Auto ist so alt, dass sogar manchmal die Politessen Gnade vor Recht ergehen lassen und ein bis zwei Augen zudrücken, wenn ich wieder mal falsch parke oder länger als erlaubt die Ladezone nutze. Aber unser Stadtsheriff lässt nicht mit sich reden. Weswegen ich die Knöllchen, die er

großzügig verteilt, natürlich von der Steuer abzusetzen versuche.
Doch bei meiner Steuerprüfung musste ich mich darüber belehren lassen, dass Geldstrafen grundsätzlich *Privatsache* sind. Haben Sie gewusst, dass man dafür ganz persönlich geradezustehen hat, auch wenn man mit dem Geschäftsauto unterwegs ist? Ich frage Sie – ist das gerecht?
Aber danach darf man ohnehin nicht fragen, wenn es um Steuern geht. Man sollte nicht einmal versuchen, die deutschen Steuergesetze, die die kompliziertesten der Welt sind, zu verstehen. Sie sind so was von verquer, dass ich schon erwogen habe auszuwandern, aber leider betreibe ich nun mal ein Gewerbe, das in Alaska zum Beispiel keine allzu großen Aussichten auf Erfolg hätte, also bleibe ich im Lande und wehre mich redlich. Wenigstens habe ich inzwischen aufgehört, mich über diese Steuern zu *ärgern*, damit ist schon mal viel gewonnen. Ich denke

auch nicht über die Leute nach, die keine zahlen, denn das schlägt sich auf die Galle, wie ich festgestellt habe. Genauso wie das ewige Hickhack um die Gesundheitsreform: Macht einen, wenn man nicht auf sich aufpasst, richtig *krank*, das ewige Palaver von der berühmt-berüchtigten Kostendämpfung, das außer mehr Bürokratie nur noch *mehr* Kosten verursacht.

Apropos Kostendämpfung: Dazu fällt mir eine Geschichte ein, die ich Ihnen unbedingt noch schnell erzählen muss.

Kürzlich fiel mir, als ich auf dem Dachboden nach den Weihnachtskugeln suchte, eine Schachtel mit wirklich *asbach-uralten* Büchern und Zeitschriften in die Hände, die mir eine Nachbarin vor Jahren, ich weiß gar nicht mehr genau wann, vererbt hatte. Wunderbare alte Rowohlt- und Ullstein-Taschenbücher aus den späten Fünfzigern fand ich darin, die mein altes Buchhändlerherz ebenso höher schlagen ließen wie der Anblick einer Hand voll Tonscherben aus grauer Vorzeit

das Herz eines Archäologen. Ich holte mir noch einen Glühwein (und einen Teller voll Weihnachtspätzchen) auf den Dachboden, machte es mir auf unserer alten Hollywoodschaukel bequem und sichtete musevoll meinen Fund.
Manfred Hausmanns hinreißende und leider ganz vergessene *Isabel* war auch dabei, auf dem Umschlag dargestellt in einem dieser weitschwingenden Conny-Froboess-Kleider mit Petticoat, in denen die Damenwelt der Fünfziger – unbeschwerter als heute, scheint mir manchmal – durchs Leben tanzte. Taillen hatten die damals, mein Gott, davon kann unsereins heute nur noch träumen! Seit ich kürzlich von mehreren Kundinnen gefragt wurde, ob ich schon wieder schwanger sei, bin ich mal wieder auf Diät. In meine alten Laura-Ashley-Kleider werde ich allerdings wohl nie mehr reinpassen, das ist schade, aber wohl nicht zu ändern. Ab einem bestimmten Alter, las ich unlängst in *Brigitte Woman*, dem Magazin für die Frau weit, weit jen-

seits der Vierzig, solle man anfangen, sich von unrealistischen Forderungen an sich selbst zu lösen. Das ist weise. Ist die Taille erst ruiniert, lebt es sich ganz ungeniert, dachte ich mir an jenem nebligen Dezemberabend da oben auf meinem Dachboden und angelte mir noch ein paar Baumkuchenspitzen, die ich besonders liebe, vom Teller. Und eine Mozartkugel. Wenn schon Kalorien, dann aber richtig – das ist ein Prinzip, mit dem man ganz gut durchs Leben kommt.

Natürlich fand ich auch jede Menge Unsägliches in meiner Bücherkiste – ein „Modernes" Hauswirtschaftslehrbuch aus dem Jahre 1955 zum Beispiel, in dem junge, geschlechtsreife Frauen darüber aufgeklärt wurden, wie man einen Mann bei der Stange hält. „Eine gepflegte Erscheinung ist das A und O einer jeden Ehe. Adrette Kleidung und eine stets perfekte Frisur ist das Mindeste, was Ihr Gatte erwarten darf, wenn er nach getaner Arbeit an den häuslichen Herd in den Schoß der Familie zurückkehrt." Darauf – Wespentaille hin, adrette Kleidung her – noch eine Mozartkugel und einen kräftigen Schluck Glühwein – Prost, liebe Gatten! – auf die Emanzipation. So schmökerte ich mich noch eine ganze Weile durch die heile Welt der Adenauer-Zeit, als mich eine handsignierte, einer gewissen Putzi zugeeignete Hanser-Ausgabe von Eugen Roth aus dem Jahre 1959 wieder auf den Boden der Tatsachen zurückholte: Ich fand seine *Neuen Rezepte vom Wunderdoktor* unter dieser „Modernen Hauswirtschaftslehre", die ein kluger Mädchenkopf geschickt mit Kuli in eine „Modernde Hauswirtschaftslehre" verwandelt hatte.

Ich blätterte das Buch vorsichtig auf – und wie es der Zufall so wollte, war das Erste, was ich sah, ausgerechnet das folgende Gedicht:

Ein Mann, der eine ganze Masse
Gezahlt hat in die Krankenkasse,
Schickt jetzt die nötigen Papiere
Damit auch sie nun tu das ihre.
Jedoch er kriegt nach längrer Zeit
Statt baren Gelds nur den Bescheid,
Nach Paragraphenziffer X
Bekomme vorerst er noch nix,
Weil, siehe Ziffer Y
Man dies und das gestrichen schon,
So daß er nichts, laut Ziffer Z
Beanzuspruchen weiter hätt.
Hingegen heißt 's, nach Ziffer A
Daß er vermutlich übersah,
Daß alle Kassen, selbst in Nöten,
Den Beitrag leider stark erhöhten
Und daß man sich mit gleichem Schreiben
Gezwungen seh, ihn einzutreiben.
Besagter Mann denkt krankenkässlich,
In Zukunft ausgesprochen häßlich.

Ei, dachte ich mir, sieh mal an! Das klingt ja erstaunlich zeitgemäß, fast so, als hätte sich das heute einer ausgedacht! So rosig, wie man immer dachte, war es wohl doch nicht gewesen in der guten alten Wirtschaftswunderzeit.
Dass wir immer denken, früher sei alles besser gewesen, liegt wahrscheinlich nur daran, dass wir so ein schlechtes Gedächtnis haben.
Gezielte Verdrängung, pflegt unser alter Doktor Koslowski zu sagen, gezielte Verdrängung ist eines der Geheimnisse des Glücks. Und die Grundlage für eine unerschütterliche Gesundheit. Vergessen Sie ganz einfach, was nicht zu ändern ist. Die Kunst, sich keinen Kopp zu machen und vom Vergangenen nur das Schöne zu behalten, verhindert zwar manchmal eine objektive Betrachtungsweise, aber mit der Verdrängung ist es wie mit Rotwein und mit Schokolade und mit vielen anderen Dingen – in Maßen ist sie ganz gesund. „Lass dir ja nicht einreden“, sagte Doktor Koslowski, „ dass man

alles immer *aufarbeiten* muss. Manche Sachen lässt man am besten einfach liegen, sie erledigen sich erfahrungsgemäß von allein."

Nur leider ist die *Kunst der gezielten Verdrängung*, wie der alte Doktor Koslowski das nennt, nicht leicht zu erlernen. An seine Patienten verschenkt er seit den späten Fünfzigern, seit ihm diese Zusammenhänge klar geworden sind, gern diese als Landjäger bezeichneten Mini-Salamis, die seine Patienten daran erinnern sollen, dass eine gewisse *Wurstigkeit* in vielen Dingen, die eigentlich nicht wichtig sind, ihnen den Schlaf und die Gesundheit erhält. Aber das ist natürlich alles leichter gesagt als getan. Ich benutze ja, wie Sie wissen, auch so eine Dauerwurst als Briefbeschwerer, aber damals, im letzten August, als dieser schreckliche Prüfer in meinem Hinterzimmer saß und den einzigen Ventilator, den ich bei Obi noch ergattert hatte, für sich beanspruchte, damals habe ich mich schrecklich aufgeregt. *Das Prinzip Wurstigkeit*, wie es Doktor Koslowski gern nennt, hatte ich plötzlich ganz vergessen – schuld daran war schätzungsweise das viele Adrenalin, das uns am ruhigen Nachdenken hindert.

Ich war so wütend ob meiner Ohnmacht, während dieser Mensch seelenruhig dasaß und sich ab und zu, wenn er sich unbeobachtet wähnte, genüsslich seinen Flatulenzen widmete. Bei dem Job, sagte ich mir, bleibt einem wahrscheinlich auch kein anderes Vergnügen mehr ...

Als er schließlich anfing, die Rabatte, die ich meinen Kolleginnen auf ihre Bucheinkäufe gebe, auseinanderzudividieren und entdeckte, dass ich die Sachen illegalerweise zum Einkaufspreis weitergebe, kam er mir wieder mit geldwerten Vorteilen, die ich meinen Mitarbeitern verschaffen würde, und dann entdeckte er auch noch eine Tankquittung für *Benzin*. Da ich aber in meiner Firma nur *Diesel* fahre, kam er darauf, dass ich – wiederum illegalerweise – meine Kolleginnen, die irgendwo weitab vom Schuss wohnen, ab und zu tanken lasse, und damit hatte er mich schon wieder bei den Hammelbeinen. Diese Steuerprüfung, sage ich Ihnen, hat mich *Tausende* gekostet, Gelder, die zum Teil gleich fällig waren und von denen ich überhaupt nicht wusste, woher ich sie auf die Schnelle nehmen sollte. Ich musste meine Reserven angreifen, die ich mit dem Bücherschreiben verdiene: Seit Jahren spare ich, um mir den einzigen Herzenswunsch, den ich noch habe, zu erfüllen. Ich möchte gern einen kleinen alten Kotten an der See haben, da, wo ich mal zu Hause war, in Christiansiel oder in „Kaloriensiel", wie unsere Maxie das schöne Carolinensiel gleich gegenüber von Langeoog nennt ... Die Inseln selber habe ich mir (weil viel zu teuer) schon von der Backe geputzt, aber jetzt nach dieser verdammten Steuerprüfung ist selbst ein kleiner Flecken Erde am Wattenmeer Illusion, und ich kann wieder bei Null anfangen. Irgendwie scheint das Leben immer *Mensch-ärgere-Dich-nicht* mit einem zu spielen ...

Als dieser schreckliche Mensch endlich abgezogen war und mein Mann mit dem Vorschlag kam, einfach ein ganzes Wochenende lang in die Fränkische Schweiz zu fahren, bat ich ihn, mich bitte daheim zu lassen. Ich brauchte dringend ein paar Tage für mich, um endlich auszuschlafen und meine entgleisten Gesichtszüge mit Quark- und anderen Masken wieder halbwegs in Ordnung zu bringen. Ich sah nämlich, wie Tante Friedchen richtig beobachtet hatte, aus wie das Leiden Christi.

Diese stundenlangen peinlichen Befragungen hatten tiefe Wunden in meine Seele geschlagen, zumal ich mich stets fragte, wo da die Gerechtigkeit blieb: Warum darf ich diese schrecklichen Gesundheitsschuhe, mit denen man Füße hat wie Donald Duck, nicht von der Steuer absetzen? Ich muss den ganzen Tag stehen, habe Venenprobleme ohne Ende, kann aber nicht einmal Einlagen geltend machen – denn es besteht ja die Möglichkeit, dass ich diese Donald-Duck-Quadratlatschen auch zu privaten Anlässen trage. In die Oper zum Beispiel. Und damit hätte ich mir einen ungerechtfertigten Vorteil verschafft. „Ungerechtfertigter Vorteil – my ass!“ würde Peter sagen, der mit Kraftausdrücken, wo sie denn nötig sind, nicht spart, denn manchmal hilft verbales Dampfablassen, will man seinem Ärger Luft machen. Das ist besser, als alles in sich hineinzufressen, schätze ich mal. Auch das habe ich aus dieser Zeckengeschichte gelernt: Ärger macht krank – und es ist selten Zufall, dass uns – wie in meinem Falle – ein Virus oder ein anderes Malheur immer gerade dann trifft, wenn wir ganz unten sind.

Es ist also eigentlich ganz logisch, dass ich krank wurde.

An jenem denkwürdigen, brütend heißen Augustwochenende, an dem zu allem Unglück Peter und die Kinder auch noch ausgezogen waren, um Frösche oder Heuschrecken oder weiß der Teufel was zu braten, erwischte es mich, weil meine Seele, wie der alte Doktor

Koslowski immer sagt, „die Tür offen gelassen hatte". Denn mit dem Krankwerden ist es wie mit der Geschichte vom Fuchs und dem Hühnerstall. Meister Reineke liegt eigentlich immer auf der Lauer, aber er hat keine Chance, solange man nicht vergisst, die Tür feste zuzumachen und das Vorhängeschloss anzubringen. Doch sobald man nicht aufpasst oder sich von anderen Sorgen ablenken lässt, ist der Bursche gleich zur Stelle und holt sich sein Abendessen. Die Tür zum Hühnerstall, das ist unser Immunsystem – und den Schlüssel dazu hat die Seele.

Über Freie Radikale hat Doktor Koslowski schon nachgedacht, als der Großteil unserer Zeitgenossen selbige noch für eine neue politische Partei hielten. Erst seit ein paar Jahren ist allgemein bekannt, dass es sich dabei eher um eine terroristische Vereinigung handelt und dass man gut daran tut, möglichst viel Obst und Gemüse zu essen, weil darin Dinge sind, die die Freien Radikalen angeblich wegfangen. Aber inzwischen hat sich auch schon herumgesprochen, dass Möhrenknabbern alleine wohl auch keine Garantie für eine eiserne Gesundheit ist. Muss also noch was anderes dahinter stecken.

„Natürlich steckt etwas anderes dahinter!" antwortete mein alter Hausarzt, als ihn die Journalisten an seinem fünfundneunzigsten Geburtstag interviewten. „Das ist so klar wie Kloßbrühe. Alle fünf Jahre oder so glaubt die Wissenschaft die Formel für ewiges Leben herausgefunden zu haben, und in diesem Forever-young-Rummel denkt jeder, er brauche sich nur ein paar Turnschuhe zu kaufen und des Morgens ein paar Vitamintabletten einzuwerfen und schon schon sei er feuerfest. Aber der menschliche Körper ist kein Automat, an dem man nur hier ein Schräubchen festzuziehen braucht und dort eines und schon läuft alles wieder wie geschmiert.

Es gibt meines Wissens nur eine einzige wirksame Methode, die es mit sämtlichen Freien Radikalen gleichzeitig aufnehmen kann wie D'Artagnan mit einer Übermacht von Feinden. Und die besteht darin, *sich selbst und andere glücklich zu machen* – das ist es wohl. Sich selbst kann man schon dann glücklich machen, wenn man aufhört sich zu ärgern, über Kleinkram vor allem – und bei Licht besehen *ist im Grunde alles Kleinkram*. Und andere glücklich machen? Nichts ist einfacher als das! Man braucht nur nach dem guten alten Pfadfinderprinzip jeden Tag mindestens eine gute Tat zu tun – und schon steigt die Lebenserwartung, theoretisch zumindest, weil Mutter Natur uns unverzüglich dafür mit jeder Menge Endorphinen belohnt, mit Bonbons für die Seele sozusagen. Natürlich gibt es immer noch ein Restrisiko, man steckt da einfach nicht drin.

Und doch: Immer am Ball bleiben, sich nie vollends ‚zur Ruhe setzen', immer etwas Sinnvolles tun und ja nie anfangen, Kreuzworträtsel zu lösen und auf Parkbänken rumzuhocken. *Für andere da sein, lesen und auch mit fünfundachtzig noch einen vollen Terminkalender haben – das ist eigentlich das ganze Geheimnis.*

Einfach den alten Heinrich Heine und seine *Doktrin* ernst nehmen! (Denn Heine hat nun wirklich gewusst, wovon er redet und was es heißt, krank zu sein. Jahrelang hat er da in seiner berühmten Pariser „Matratzengruft“ gelegen und sich doch nie unterkriegen lassen – im Gegenteil! Immer aufmüpfiger ist er damals in seinen Gedichten geworden. Kann man mal wieder sehen, welche Rolle die Literatur in unserem Leben spielen kann – aber das nur ganz nebenbei bemerkt.) Und, wie die Berliner sagen, alles im Leben nach dem Motto *immer feste druff!* anfassen – auch das Gesundwerden, wenn's einen mal erwischt hat. Dann kann eigentlich gar nicht so viel schief gehen.“

Schlage die Trommel und fürchte dich nicht,
Und küsse die Marketenderin!
Das ist die ganze Wissenschaft,
Das ist der Bücher tiefster Sinn.
Trommle die Leute aus dem Schlaf,
Trommle Reveille mit Jugendkraft,
Marschiere trommelnd immer voran,
Das ist die ganze Wissenschaft.

Das ist die Hegelsche Philosophie,
Das ist der Bücher tiefster Sinn!
Ich hab sie begriffen, weil ich gescheit,
Und weil ich ein guter Tambour bin.

Heinrich Heine

Ich wünsche Ihnen von Herzen gute Besserung. Und besuchen Sie mich mal hier in Rothenburg, wenn Sie wieder auf dem Damm sind ...

Lust auf mehr?

Sollten Sie nun durch die vielen *Appetithäppchen* einen richtigen Heißhunger bekommen haben, so empfehle ich Ihnen als Nachschlag aus dem literarischen Erste-Hilfe-Kasten:
Christian Morgenstern, *Sämtliche Gedichte*, Diogenes Verlag 2003
Joachim Ringelnatz, *Sämtliche Gedichte*, Diogenes Verlag 2003
Wilhelm Busch, *Gedichte*, Insel Verlag 1999
Kurt Tucholsky, *Wenn die Igel in der Abendstunde*, Rowohlt 1985
Heinrich Heine, *Sämtliche Gedichte*, Insel Verlag 1992

Für Tage, an denen es nicht so richtig hell werden will:
Joseph von Eichendorff, *Gedichte*, Insel Verlag 1977
Erich Fried, *Als ich mich nach dir verzehrte – zweiundsiebzig Gedichte von der Liebe*, Wagenbach (Salto) 1990

Bei Bluthochdruck, Welt- und anderen Schmerzen:
Robert Gernhardt, *Vom Schönen, Guten, Baren. Bildergeschichten und Bildgedichte*, Heyne Verlag 2001
Elke Heidenreich und Quint Buchholz, *Am Südpol, denkt man, ist es heiß*, dtv 2002
Axel Hacke, *Das Beste aus meinem Leben – Mein Alltag als Mann*, Kunstmann Verlag 2003

Bei Hals- und Beinbruch:
Guy de Maupassant, *Fünfzig Novellen*, Manesse Bibliothek der Weltliteratur 1998
Johann Wolfgang von Goethe, *Das Leben, es ist gut – Hundert Gedichte*, Insel Verlag 1997
Sten Nadolny, *Die Entdeckung der Langsamkeit*, Piper Verlag 1987
Mascha Kaléko, *Die paar leuchtenden Jahre*, dtv 2003

Erich Kästner, *Doktor Erich Kästners lyrische Hausapotheke*, dtv 1988
Theodor Fontane, *Aus meinem bunten Leben – Ein biographisches Lesebuch aus Briefen*, Hanser Verlag 1998
Marie von Ebner-Eschenbach, *Aphorismen*, Reclam 1988

Schreiben Sie mir! Ich freue mich immer über Post, so sie nicht vom Finanzamt kommt oder von der Knöllchen-Einzugszentrale, die mich stets regelmäßig anschreibt. Hier ist meine Adresse:
Eva-Maria Altemöller
Rödergasse 3
91541 Rothenburg ob der Tauber

(Manchmal schaffe ich es allerdings nicht, sofort zu antworten, ich bitte da um Nachsicht. Aber ich tu, was ich kann. Und noch was: Schicken Sie mir wirklich Ihre eigenen Geschichten! Geschichten, in denen himmlische und durchaus irdische Helfer vorkommen, auf die bin ich besonders neugierig ...)

Im Pattloch-Verlag sind u. a. folgende Bücher von Eva-Maria Altemöller erschienen:

Seelenruhe – Über die Kunst und das Vergnügen, ganz einfach zu leben (2001)
Gelassenheit – Von der Kunst und dem Vergnügen, über den Dingen zu stehen (2003);
Tausend Gründe, warum es eigentlich ganz schön ist, nicht mehr 20 zu sein (2003)

Textnachweis

Seite 36: Börries, Freiherr von Münchhausen, Das dichterische Werk in zwei Bänden, Band 1: Das Balladenbuch © 1924, 1950 by Deutsche Verlags-Anstalt GmbH, Stuttgart
Seite 88, 104: Kurt Tucholsky, „Im Käfig", „Das Ideal", aus: Kurt Tucholsky, Gesammelte Werke, Copyright © 1960 by Rowohlt Verlag GmbH, Reinbek bei Hamburg
Seite 138: Mascha Kaléko, „Einmal sollte man …", aus: Mascha Kaléko, Das lyrische Stenogrammheft. Kleines Lesebuch für Große, Copyright © 1956 by Rowohlt Verlag GmbH, Hamburg
Seite 142: Hilde Domin, „Nicht müde werden", aus: dies., Gesammelte Gedichte © S. Fischer Verlag GmbH, Frankfurt am Main 1987
Seite 144: Erich Fried, „Was es ist", aus: Es ist was es ist © 1983, NA 1996 Verlag Klaus Wagenbach
Seite 143, 154: Joachim Ringelnatz, „Jenem Stück Bindfaden", „Schenken", aus: Joachim Ringelnatz, Sämtliche Gedichte © 1997 Diogenes Verlag AG Zürich
Seite 152: Hermann Hesse, „Stufen", aus: Sämtliche Werke, Band 10: Die Gedichte © Suhrkamp Verlag Frankfurt
Seite 193: Eugen Roth, „Kassenhaß", aus: Neue Rezepte vom Wunderdoktor, Carl Hanser Verlag, 1959 © Dr. Thomas Roth